Ulrich Greiner
Der Stand der Dinge

SERIE PIPER
Band 695

Zu diesem Buch

Der Zeitgeist – jeder redet von ihm, keiner kennt ihn, alle sind sie ihm auf der Spur. Der Journalist Ulrich Greiner zählt sich zu den Jägern des verborgenen Schatzes und versucht in seinen Glossen und Essays, die er während der letzten Jahre in der *Zeit* veröffentlicht hat, den »Stand der Dinge« festzuhalten. Den findet er im Irrationalismus der Wissenschaften ebenso wie in den Naivitäten der Friedensbewegung, in der neuen Prüderie der Linken, wie in der Ratlosigkeit der Intellektuellen. Unter anderem enthält das Buch Porträts so gegensätzlicher Gestalten wie Golo Mann, Hans Magnus Enzensberger und Hans Peter Duerr, kulturkritische Marginalien zum »american way of live« und eine Reportage über die geplante Uraufführung des umstrittenen Fassbinder-Stücks »Der Müll, die Stadt und der Tod«. Ulrich Greiners Aufsätze, souverän und mit journalistischer Brillanz geschrieben, sind ebenso nachdenklich wie unterhaltsam, ebenso analytisch wie amüsant.

Ulrich Greiner, geboren 1945 in Offenbach. Studium der Germanistik, Philosophie und Politikwissenschaft in Frankfurt und Tübingen. Von 1970 bis 1980 Feuilleton-Redakteur bei der *Frankfurter Allgemeinen Zeitung*. Seit 1980 bei der *Zeit*, seit Januar 1986 Leiter des Feuilletons.

Veröffentlichungen: »Über Wolfgang Koeppen«, 1976; »Der Tod des Nachsommers – Aufsätze, Kritiken, Porträts zur österreichischen Gegenwartsliteratur«, 1979.

Ulrich Greiner

Der Stand der Dinge

Kulturkritische Glossen
und Essays

Piper
München Zürich

ISBN 3-492-10695-1
Originalausgabe
April 1987

Umschlag: Federico Luci, unter Verwendung einer Karikatur
von Paul Flora, © Paul Flora
Gesamtherstellung: Clausen & Bosse, Leck
Printed in Germany

Für Zappi

Inhalt

Vorwort

Nichts sei älter als die Zeitung von gestern, lautet die fatale Weisheit. Mit ihr muß der Journalist leben – und dennoch grämt sie ihn von Zeit zu Zeit. Hat er sich nicht immerzu Mühe gegeben, hat er nicht manchmal etwas herausgefunden, auseinandergesetzt und zusammengedacht, was über den Tag hinaus Wert und Interesse beanspruchen könnte? Soll denn alles langwierig Erschriebene mit der Zeitung von gestern im Orkus verschwinden? Nein, sagt sich der Journalist, es sollen die Leser eines Buches, meines Buches, selber beurteilen, ob es stimmt, daß nichts älter ist als die Zeitung von gestern. Vielleicht gilt sogar (denkt der Journalist, und jetzt packt ihn der Größenwahn), daß nichts älter ist als die Zeitung von morgen? Vielleicht könnte man (denkt der Journalist) aus dem dicken Leitz-Ordner der gesammelten Werke jene heraussuchen, die nicht bloß auf einen Film, ein Buch, eine Fernsehsendung reagierten, sondern die aus der Beobachtung mehrerer Ereignisse entstanden, die versuchten, den Stand der Dinge vergleichend und interpretierend festzuhalten, also, sozusagen, Zeitgeist..?

Dergestalt vor sich hinphantasierend fand der Journalist den Mut, zitternd vor Bescheidenheit dem geschätzten Leser diese Sammlung von Glossen und Essays vorzulegen, die allesamt in einer in Hamburg erscheinenden Wochenzeitung bereits gedruckt worden sind, in der *Zeit* nämlich, bei der sich der Autor übrigens bedankt, weil ohne den Zuspruch und die Kritik der Kollegen (vor allem seines früheren Chefs Fritz J. Raddatz) das alles gar nicht, also auch nicht in diesem Buch, erschienen wäre.

Ulrich Greiner

I. Unhaltbare Dialoge

Die wahren Künstler

»Dieses sogenannte Flugzeugunglück kürzlich in Washington«, sagte er, »das war schon sehr gut gemacht. Wie die Maschine über die Brücke rutschte, ein paar Autos mitriß und dann in den Fluten des eisigen Potomac versank, wo die Rettungsboote wegen des Treibeises nicht durchkamen. Die Kameraleute hatten selber Schwierigkeiten, die Szene halbwegs mitzukriegen. Schade nur, daß der Stuntman, der den Passanten spielte, dabei umkam. Da hatte der Regisseur einen Augenblick zu lange drehen lassen. Aber so was kommt vor. Immerhin war das Ganze so perfekt, daß die Öffentlichkeit glaubte, ein wirkliches Unglück sei passiert. Überhaupt könnte man sich darüber wundern, wie oft die Leute das Künstliche und das Inszenierte für die Wirklichkeit halten, aber das ist nur logisch, werden doch unsere Nachahmungen immer besser, sozusagen immer wirklicher. Nehmen Sie nur die Tomate. Da gibt es jetzt diese kleinen Tomaten, von denen man behauptet, sie kämen von den Kanarischen Inseln, was natürlich nicht stimmt. Sie schmecken so, wie die Tomaten früher schmeckten. Sie erinnern sich doch, die mit den ringförmigen Kerben, was eine Folge von zu viel Regen war. Danach gab es die holländischen, die allesamt schmeckten, als kämen sie direkt aus Hoechst oder von der BASF. Kamen sie nicht. Aber die neuen, die kommen von der BASF. Perfekt, besser als die alten Tomaten. Oder Äpfel. Wirkliche könnte sowieso keiner mehr bezahlen, und sie wären auch lange nicht so gut.«

»Sehen Sie«, sagte er, »das Ganze ist sehr einfach. So wie die Welt jetzt ist, will sie keiner mehr haben. Ist ja auch völlig verständlich. Einerseits langweilig, andererseits kaputt. Da inszenieren wir halt ab und zu was Spannendes, was Katastrophales, und zum Ausgleich stellen wir Natürlichkeit her. Einerseits zum Beispiel das Attentat auf Reagan. Niemand hat sich gewundert, daß man das alles im Fernsehen angucken konnte. War auch nicht verwunderlich, war alles geplant. So kriegen wir die Politik wieder spannend. Andererseits Natürlichkeit. Glauben Sie doch nicht, daß man die Leute mit Natur noch lange locken kann. Geht doch nicht mehr. Sogar der berühmte deutsche Wald ist nur noch ein ödes Gestrüpp. Wir machen folgendes: Da es viel zu teuer wäre, die Bäume wieder hinzukriegen, bauen wir einen künstlichen Wald. Wie der aussehen wird, können Sie jetzt schon in den Farbanzeigen der chemischen Industrie sehen. Wunderbar grün und gesund. Wie früher. Technisch haben wir das alles im Griff.«

»Aber wird es dann nicht schwierig«, wendete ich ein, »Wirklichkeit und Nachahmung auseinanderzuhalten?«

»Das schon«, antwortete er, »aber das ist gerade das Ziel. Natürlich sind wir manchmal selber irritiert – jetzt, wo alles noch in den Anfängen steckt. Früher gab es doch Holz. Man machte Möbel daraus. Dann gab es diese schlechte Kunststoffimitation, wo man sofort sah, daß es kein Holz war. Und jetzt haben wir eine Holzverarbeitung, die so aussieht wie eine Nachahmung der Imitation. Das ist ein Irrweg. Wir müssen den Urzustand künstlich wieder herstellen. In der Architektur klappt das sehr gut. Wir bauen jetzt Fachwerkhäuser aus Stahlbeton und Kunststoff, die sehen authentischer aus als die alten Fachwerkhäuser. Den Leuten gefällt es, und anders geht es ja auch nicht. Wer würde denn in einem wirklichen Fachwerkhaus wohnen wollen? Wir stellen aus Fertigteilen eine nette Fassade hin, und dahinter machen wir's komfortabel. Mit der Natur werden wir auch bald so weit sein. Schwimmbäder sind passé. Wir werden richtige künstliche Seen mit Wiesen und Wald drum bauen, mit sauberem, geheiztem Wasser, mit einer Glaskuppel gegen den sauren Regen. Und ich versichere Ihnen, diese Seen werden schöner sein als die, die Sie aus Ihrer Jugend vielleicht noch in Erinnerung haben.«

»Wenn Sie das alles zusammennehmen«, sagte er schließlich, »dann sehen Sie, daß wir die wahren Künstler sind. *Wir* inszenieren die Welt. *Unsere* Inszenierungen sollten Sie rezensieren.

Nicht die sogenannte Kunst. Die ist schlechter als die Wirklichkeit.«

P. S. Dieser Tage meldete dpa: »Das Färben von Äpfeln hat ein Vertreter der Bundesforschungsanstalt für Ernährung Obstbauern am Bodensee empfohlen. Damit ließen sich die Wünsche der Käufer in der gesamten Variationsbreite der Färbung erfüllen.«

22. Januar 1982

Lob der Lüge

»Seien Sie ehrlich«, sagte er, »lügen Sie manchmal? Nein? Dann brauchen wir uns nicht länger zu unterhalten ... doch? Und wie ist das, wenn Sie lügen? Wie fühlen Sie sich? Schlecht? Sie müßten sich doch allmählich daran gewöhnt haben, wenn Sie öfter lügen. Ich will Ihnen sagen, weshalb Sie sich schlecht fühlen. Nicht, weil das Gewissen drückt oder der kategorische Imperativ droht. Es ist Ihnen unangenehm, weil es viel anstrengender, aufwendiger ist, zu lügen, als die Wahrheit zu sagen. Die Wahrheit liegt immer auf der Hand, die Lüge erfordert Arbeit, Geistesarbeit. Die Lüge ist eine Leistung. Kein Wunder, daß sie in unserer leistungsfeindlichen Gesellschaft nicht honoriert wird. Sie ist verpönt. Wahrheitsapostel beherrschen die Szene und knallen ihren Mitmenschen jede beliebige Wahrheit ins Gesicht. Ehen gehen auseinander, Familien splittern, Beziehungskisten knirschen in allen Fugen unter dem neuen Wahrheitsdruck. Die sich für die Wahrheit stark machen, sind meistens zu dumm, eine halbwegs raffinierte Lüge zustande zu bringen. Mit treuherzigem Augenaufschlag plädieren sie für die Wahrheit, weil ihnen nichts Besseres einfällt.«

»Den Politikern«, sagte er, »wirft man immerzu vor, daß sie lügen. Mein fürchterlicher Verdacht ist, daß sie die Wahrheit sagen. Natürlich nicht *die* Wahrheit, die gibt es ohnehin nicht. Sie sagen ganz schlicht und nicht sehr ergreifend ihre Wahrheit. Zum Beispiel der Frieden. Kohl ist für den Frieden, Genscher auch. Strauß ist für den Frieden, Vogel auch. Die lügen doch alle, sagen die Friedensfreunde. Schön, wenn es so wäre. Schön, wenn wenigstens einer ein Metternich unserer Tage wäre, die Kunst der Lüge beherrschte und uns dieser Kunst für wert hielte, sich wenigstens ein bißchen Mühe gäbe, Phantasie walten ließe. Aber nein, alle sind sie subjektiv völlig ehrlich, absolut harmlos. Sie plädieren für den Frieden, sie glauben an das, was sie sagen, so aufrecht, unraffiniert, hilflos, daß man ihnen gar nichts mehr entgegnen kann als nur noch: Ich bin auch für den Frieden. Man kann sie nicht angreifen. Gegen Leute, die immer die Wahrheit sagen, ist man absolut machtlos.«

»Der allgemeine Verfall der Lüge«, sagte er, »hängt mit dem Verfall von Sitte und Konvention zusammen. Das Kompliment, der Handkuß, die Verbeugung, all diese lang erprobten Formen gesellschaftlicher Lüge sind völlig heruntergekommen. Ich erscheine im Büro, und meine Kollegin sagt: Sie sehen heute blaß aus, haben Sie schlecht geschlafen? Und sie erwartet natürlich, daß ich antworte: Ja, ich habe heute nacht von meinem Vater geträumt. So weit ist es gekommen, daß man sich gegenseitig mit Wahrheiten peinigt, aus Langeweile, aus Indiskretion, aus Rachsucht. Und vor allem aus Bequemlichkeit. Eine anständige Lüge erfordert nämlich sprachliches Talent, logisches Denken. Sie muß sitzen, da müssen die einzelnen Teile zusammenstimmen, das Ganze muß harmonisch sein, ich behaupte sogar: ästhetisch. Das beherrscht heute keiner mehr. Ein schlampiges Wahrheitsgefasel macht sich überall breit.«

»Die letzte Heimstatt der Lüge«, sagte er, »war bislang die Kunst. Vorbei, vorbei. Unerbittliche Wahrheitssucher belästigen uns mit ihrer schlechten Unmittelbarkeit. Kaum fühlt einer was, schon muß es raus auf die Leinwand, kaum hat einer für sich eine Wahrheit seines miefigen Lebens aufgetan, schon macht er schonungslos einen Roman daraus und nennt seine Einfallslosigkeit authentisch. Wahrheiten überall, das ist nicht mehr auszuhalten.«

»So sind Sie also ein Lügner?« fragte ich.

»Mein Gott!« entgegnete er. »Jetzt wollen Sie wohl auf den alten Satz hinaus: ein Kreter sagt, alle Kreter lügen. Mit diesem Spruch hat das Elend der sogenannten Wahrheit angefangen. Das Schlimmste, was uns passieren kann, ist, daß wir sie finden.«

28. Januar 1983

Der Stand der Dinge

»Ich bin«, sagte er, »für ein totales Veränderungsverbot. Wenn es nach mir ginge, dann sollte nichts mehr geändert werden, alles sollte so bleiben, wie es ist. Ich behaupte nicht, daß die allgemeinen Verhältnisse gut wären, aber sie sind immerhin so, daß sie schlechter werden können. Und sie werden schlechter eben dadurch, daß so viele Wichtigtuer, allen voran die Politiker, immerfort glauben, das Vorhandene um eines Besseren willen beseitigen zu müssen. Dieser manische Veränderungsdrang aber hat noch nie etwas gebessert. Noch jeder Abrüstungsversuch hat die Aufrüstung beschleunigt, jede Emanzipation hat wirkungsvollere Gegenkräfte mobilisiert, jeder Neubau einer Straße hat den Verkehrsstrom verstärkt, jede sogenannte Reform den herrschenden Wirrwarr vergrößert. Die Sommerzeit, Ausgeburt sich langweilender Bürokratenhirne, bringt keinen Nutzen, aber sie verwirrt unser Zeitgefühl, die Zeit überhaupt. Ich bin dafür, daß nichts mehr sich ändert.«

»Aber es ändert sich doch immerzu alles«, entgegnete ich, »wie kann man sich gegen Veränderungen sperren? Völlige Ruhe ist nur der Tod, sagt Pascal. Leben ist Änderung.«

»Sehr schwach«, antwortete er, »schwach, weil sich das von selbst versteht. Geburt und Tod, Leben und Sterben, Krankheiten, Unglücksfälle, Naturkatastrophen – damit müssen wir uns abfinden, das gehört dazu, das sind unveränderbare Veränderungen der nachdrücklichsten Art, und ist das nicht wahrhaft genug? Davon rede ich nicht. Ich rede vom öffentlichen Wankelmut, von der grassierenden Haltlosigkeit, von jenen Dummköpfen, die permanent von Wandel und Wende faseln. Als ob noch irgend etwas zu wenden wäre! Ein Glück nur, daß die Wendepriester zumeist scheitern. Neulich, als die CSU in

München verlor, überschrieb die *FAZ* ihre Leitglosse mit der treffenden Wortschöpfung: Rückwende. Da ist der Veränderungsschwachsinn nun angekommen: bei der Rückwende. Alles wird solange gewendet, bis es ähnlich liegt wie zuvor, nur ein bißchen verschoben, verrückt, und Kräfte wurden verschlissen, Energien verbraucht, die man dringend nötig gehabt hätte, den Stand der Dinge zu pflegen.«

»Nein«, sagte er, »es muß ein Ende haben mit dem Veränderungswahn, und zwar noch vor dem Zeitpunkt, nach dem nichts mehr verändert werden kann, weil alles hin ist. Aber es gibt Leute, die begreifen, worum es geht. Überraschenderweise sind es die Denkmalschützer. Sie beschränken sich nicht mehr darauf, Kirchen und Paläste vorm Abriß zu bewahren, sie wollen Straßen, Brücken, Nutzgebäude und ganze Landschaften unter ihre Schutzmacht stellen. Kürzlich hat der Landeskonservator des Rheinischen Amtes für Denkmalspflege gefordert, Autobahnen, Raststätten und Tankstellen unter Denkmalschutz zu stellen. Diese Anlagen, ›Umsetzung einer verkehrstechnischen Idee‹, wie er es formulierte, sollten als historische Quelle für spätere Generationen erhalten bleiben. Überhaupt müssen, so wünschen es die aus ihrem Getto rücksichtslos heraustretenden Denkmalspfleger, ›gestaltete Landschaftsteile‹ erhalten bleiben, weil das Gesicht einer Region von derartigen Verkehrsbauten wesentlich geprägt sei. Der Landeskonservator findet zum Beispiel die Raststätte Siegburg von 1935 und eine alte Tankstelle bei Bottrop erhaltenswert.«

»Der Mann ist nicht bei Trost«, entgegnete ich.

»Der Mann hat recht«, sagte er, »und weiß vielleicht gar nicht, wie sehr er recht hat. Weshalb sollte die Kreissparkasse in Gelnhausen weniger schützenswert sein als die Kaiserpfalz? Diese ist Ausdruck des Mittelalters, jene Ausdruck unserer Epoche. Die Imbißstube in St. Pauli ist ebenso erhaltenswürdig wie der Bahndamm auf der Strecke von Lauenburg nach Lüneburg, das Postamt in Bielefeld ebenso wie die Lagerhalle in Oldesloe, das Gleisdreieck ebenso wie der Verkehrsknotenpunkt. Lernt die Ehrfurcht vor dem Gegebenen! Alles, was uns und unsere Zeit repräsentiert, die gesamte Landschaft zwischen Flensburg und Garmisch muß unter Denkmalschutz, damit sich profilierungssüchtige Landräte endlich nicht mehr mit Erfolgsmeldungen brüsten können. Das wäre ein Anfang vom totalen Veränderungsverbot, und dann erst könnte es uns gelingen, wirklich zu leben.«

30. März 1984

Der Neue Mensch

»Ich habe es endgültig satt«, sagte er, »endgültig habe ich die Nase voll von der sogenannten Umweltkatastrophe. Hätten die Kassandras vom Dienst im entferntesten recht, ich müßte längst tot sein. Jedes Schnitzel ein wahres Antibiotikum, jeder bescheidene Salatteller eine mittlere Arsenvergiftung, jeder Ausflug ins Grüne ein Gang in den allmählichen Tod. Das Bier in der Eckkneipe – krebserregend. Das Pulver, in dem ich meine armen Hemden wasche – cadmiumvergiftet. Das Bett, in das ich erschöpft sinke – eine einzige Formaldehyd-Katastrophe. Daß ich überhaupt noch lebe, ist offenbar ein Wunder.«

»Ein Wunder, in der Tat«, entgegnete ich, »denn viele Menschen sind schon krank geworden, und manche lebten noch, wäre nicht die Vergiftung unserer Umwelt.«

»Ach was«, sagte er, »und wenn sie nicht gestorben sind, dann leben sie heute noch. Das Leben ist lebensgefährlich, nie war es anders. Früher starben die Leute an der Pest, heute an Krebs. Aber sie sterben ja nicht, sie werden immer älter, bevölkern die Parkbänke und die Regierungssitze. Und jene nehmen überhand, die eine permanente Lebensversicherung wollen. Geborene Rentner, die sie sind, erschöpft sich ihre Sehnsucht in dem Wunsch nach totaler Risikolosigkeit. Die Umweltkatastrophe ist ihnen willkommener Anlaß, lauthals Klagelieder anzustimmen. In Wahrheit ist die Umwelt dem Menschen nie anders als feindlich gewesen.«

»Mit dem Unterschied allerdings«, sagte ich, »daß die jetzigen Gefahren von uns selber verursacht und schlimmer sind als die früheren.«

»Woher wissen wir das?« fragte er. »Es gibt keine objektiven Vergleiche. Die Menschen sahen sich immer bedroht. Jede

Epoche ist unmittelbar zur Gefahr ihres Untergangs. Die hektischen Zyklen, in denen sich die Diskussion bewegt, beweisen nichts. Vorgestern war es der Atomtod, gestern der saure Regen, heute ist es das Cadmium in den Waschmitteln, das uns beunruhigt. Das Formaldehyd hat sich nur deshalb nicht durchgesetzt, weil kein Mensch sich das Wort merken mag. Unsere Ängste haben Konjunkturen, die sich schneller ändern als die Frühjahrsmode.«

»Ob wir je wieder einen Frühling kriegen, ist keineswegs sicher«, sagte ich.

»Aber ja doch«, entgegnete er, »veränderten Bedingungen hat sich die Natur – und der Mensch als ihr Teil – noch immer erfolgreich angepaßt. Ihre Antwort heißt Mutation. In unseren vergifteten Flüssen leben längst wieder Fische, andere als zuvor. Daß man sie nicht essen kann, ist sozusagen ein doppelter Sieg. Auch der Mensch verändert sich, durchläuft unbemerkt eine tiefgreifende Mutation. Sehen Sie sich nur auf alten Photos die Gesichter und Gestalten unserer Vorfahren an: starke Knochen, mächtige Leiber, derbe Visagen mit kleinen, listigen Augen. Dagegen die Jugend von heute, unsere Zukunft. Betrachten Sie nur diese durchsichtigen, fleischlosen Gesichter mit den großen, sanften Augen, diese zarten, langgliedrigen Figuren mit den allzu großen Köpfen, diesen übergangslosen Übergang vom Baby zu einer nervösen, frühvollendeten Geschlechtsreife, diese schmalhüftigen Frauen mit ihren wohlgestalteten, leichtgewichtigen Brüsten, deren ursprüngliche Funktion von ihrer Form längst dementiert wird, diese kraftlosen Jünglinge, Leptosome mit künstlich antrainierten Muskeln, die leicht und schweißlos ihr Konditionsprogramm absolvieren, aber außerstande sind, die nächste Bushaltestelle bei Regen zu Fuß zu erreichen, betrachten Sie nur diese neue Generation, die dem rippenvermehrten, fettlosen, aber hysterischen deutschen Zuchtschwein gleicht, dann begreifen Sie: Das ist der Neue Mensch, von dem die Utopisten faselten. Die Spezies ist längst mutiert. In ihren Nieren sind Cadmium und Blei entsorgt und endgelagert, in ihren Lungen lauert der Krebs, in ihr Nervensystem ist die Sollbruchstelle schon eingegeben, ihr Leben währt kurz und ihr Tod lang, aber mit dem willigen

Gehorsam eines Helotengeschlechts trainiert sie sich nützliches Fett weg, schluckt mit gesundem Gemüse und schierem Fleisch ihr tägliches Quantum Gift, wie in jenem Krimi von Dorothy Sayers, wo der Verbrecher sich durch langes Training an Arsen gewöhnt, um dann beim Nachmittagskaffee, der mit Arsen gezuckert ist, zu überleben, während sein Opfer kläglich dahinscheidet.«

5. April 1985

II. Die Last mit der Lust

Immer nur das Eine

Über Sexismus

Hätte man über die Prüderie des Papstes lachen sollen? Weltfremd ist Wojtyla nicht. Als er in den Vereinigten Staaten vor der Verirrung der gleichgeschlechtlichen Liebe warnte, verstärkte er die neue Welle der Intoleranz gegen die Homosexuellen. Und als er während der römischen Synode den begehrlichen Blick auf die eigene Ehefrau geißelte, fand er nicht nur Widerspruch, sondern auch Beifall. Frauengruppen in Rom zum Beispiel goutierten durchaus die Attacke auf den Mann, der sich der Weiblichkeit bediene, »um den eigenen Instinkt zu befriedigen«. Dieses Argument paßt ja sehr gut in den feministischen Kampf gegen den »Sexismus«, jenes den Männern zugeschriebene Verhalten, das die Frau nur als Objekt der eigenen Wünsche und Lüste sieht.

Alice Schwarzer und Johannes Paul II. in einer Front? Es gibt merkwürdige Koalitionen in dieser Tendenzwende hin zu einer sexualfeindlichen Moral. Die Befreiung der Sexualität, die in der achtundsechziger Bewegung ihren Anfang nahm – was ist aus ihr geworden? Zwar wurde das Strafrecht liberalisiert (Pornographie, Abtreibung, Ehescheidung, Homosexualität), aber überall regen sich neue Ressentiments mit dem stillen Ziel, das alte Elend wieder einzusetzen. Es ist, als hätten viele Leute nun das Bedürfnis, Buße zu tun für die Sünde einer kurz genossenen Freiheit. Ich fürchte, der Pfad der Tugend, den sie beschreiten, wird schrecklicher, als Lasterhaftigkeit es je sein könnte.

In Bayern wurden kürzlich die Schulbücher kassiert, die über die Sexualität des Menschen allzu konkret informierten. Die neuen Richtlinien zur Sexualkunde zielen darauf ab, notwendiges Wissen mit den Mitteln einer rigiden Moral zu zensieren. Zum Lernziel »Überblick über die körperlichen Merkmale der Geschlechter« findet sich die Anmerkung: »Keine anatomischen und histologischen Einzelheiten!« Das Ausrufezeichen signalisiert das Tabu, während die pseudowissenschaftliche Sprache schamhaft umschreibt, daß Nacktphotos hinfort im Unterricht verboten sind. Homosexualität und Promiskuität gelten als »abnorme Formen menschlichen Sexualverhaltens« und werden vorab moralisch disqualifiziert, so daß ein vorurteilsloses Unterrichtsgespräch kaum noch möglich scheint.

In Osnabrück hat vor wenigen Wochen die städtische CDU-Fraktion der Jury des Deutschen Sachbuchpreises Einseitigkeit und Unausgewogenheit vorgeworfen und die Preisverleihung boykottiert. Den Preis sollte Walter Hollstein für sein Buch »Die Gegengesellschaft – alternative Lebensformen« bekommen, und an Stelle einer Laudatio sollte die Osnabrücker Alternativ-Szene sich selber darstellen, darunter auch eine Homosexuellen-Gruppe. Da war der Stein des Anstoßes, da endete die Toleranz.

Wenige Tage zuvor war *Die Welt* über eine Aufklärungssendung des Jugend-Magazins »direkt« dreispaltig hergefallen. Die Verfasserin Christa Meves, eine psychologisch aufgemöbelte Gouvernante, bekannt durch ihre hunderttausendfach verbreiteten Elternberatungsbücher, schlüpfte in die feministische Argumentation und empörte sich darüber, daß Frauen unter dem Anschein der Aufklärung den Männern nur Liebesdienste leisten und »jederzeit benutzbar« sein sollten. Zur Steigerung des Glücks eines jungen Paares empfahl sie die Enthaltsamkeit.

Das alles wäre kaum ernstzunehmen, kämen nicht von einer anderen Seite her ganz ähnliche Töne. Die Linke bläst ins rechte Horn. Eine puritanische Wut, die ihr nie ganz fremd war, bricht nun plötzlich aus der Emanzipationsbewegung hervor. Exemplarisch dafür ist die sogenannte Sexismus-Debatte, die seit Monaten in den Spalten der *Tageszeitung* tobt. Die *taz,* wie sie sich abgekürzt nennt, existiert seit anderhalb Jahren und ist, neben der *Neuen,* der Versuch, eine überregionale linke Tageszeitung zu etablieren. So notwendig das Blatt einerseits ist oder sein könnte, weil es sich fundamentale Kritik leisten und alternative Informationen bringen kann, so kümmerlich ist bisher das Ergebnis: 20000 verkaufte Exemplare, die nicht zum Leben und nicht zum Sterben langen, dazu eine zerstrittene, auf die eigenen Probleme fixierte Redaktion. Nicht zuletzt durch die Sexismus-Debatte ist die *taz* jetzt in eine Krise geraten, die ihr Ende bedeuten könnte.

Am 12. September erschien in der *taz* ein ganzseitiger Aufsatz unter dem Titel »Eine Traumfrau zieht sich aus«, gezeichnet mit dem Pseudonym Gernot Gailer (vollständig abgedruckt in der Zeitschrift *Ästhetik und Kommunikation,* Heft 40/41 »Sexualität«). Der Text, der so ziemlich alle linken und rechten sexuellen Tabus bricht, schlug ein wie eine Bombe. Ein Plädoyer für Strauß, damals noch Kandidat, hätte nicht stärker provozieren können. Gailer, der das Gericht, das die Frauen über ihn halten würden, ahnt, unterläuft es frech durch ein volles Geständnis, ohne die geringste Reuebekundung. Ja, er sieht Frauen gern (je nackter je lieber), er schläft gern mit Frauen (je öfter je lieber), er ist ein Freund der Pornographie (je obszöner je lieber), ein kundiger Besucher von Peep Shows und ein Masturbateur hohen Grades.

Er liebt die von Photographen kunstvoll inszenierten Modelle: »Sie sind schön, weil sie geil sind, und geil, weil sie schön sind. Und schön oder geil. Je nach Bedarf. Und das ist schon viel. Bei dem geringen obszönen, unzüchtigen Material, das wir haben. Und dem noch geringeren Teil, der zugänglich ist. Immerhin: Geilheit zeigen. Verzerrt. Mehr oder weniger. Woran mißt sich das schon. Auf jeden Fall Geilheit. Der Rest ist unsere Sache. Unsere Arbeit. Je nach Bedarf und Produktivität. Phantasiearbeit. Pornographische und moralische Produktivität (...) Das ist der Wahnsinn. Und die Katastrophe. Für die Linken. Was wären die Linken ohne die Zensur.«

Gailers Manifest der Schamlosigkeit ist geschrieben mit jener höhnischen, blasphemischen, kichernden Wut, die allen Pamphleten eignet, er zeigt darin eine an literarische Vorbilder erinnernde Radikalität, ein Mescalero der Moral, der seine sperrangelweit offene Freude an Männerphantasien bekennt.

Und dies nicht ohne das melancholische Bewußtsein, daß er ja nur von jenem Film im eigenen Kopf spricht, den die Wirklichkeit immer wieder zerreißt. Denn Gailers Text verrät zugleich die Einsamkeit der Männer, ihre Angst, ihre Objektsituation, die es ja auch gibt (»überall wirst du angemacht von diesen mehr oder weniger verhüllten Frauenkörpern«).

Und dann begeht Gailer sein letztes Sakrileg: »Schwanz ab, nein danke, sage ich da. Ganz selbstbewußt. Und: Die eigentlich Unterdrückten sind doch wir. Wir Männer. Nieder mit der Frauenbewegung. Für mehr Peep Shows.«

Das war endgültig zuviel. »Ich würde dir gern mit aller Wu(ch)t in deinen geilen Schwanz treten«, freute sich die Leserin Angelika. Und eine andere schrieb: »Mir ist kotzübel!!! Nieder mit dem Männlichkeitswahn!« Andrea schickte »stinksaure Grüße« und forderte: »Schluß mit dem Sexismus in der *taz«*, während Katia nur noch stammelte: »Schwanz ab!«

Der weitere Fortgang der Debatte ist in diesem Zusammenhang von eher marginalem Interesse und nur insofern von Belang, als er düstere Prognosen über die Zukunft dieser einzigen alternativen Tageszeitung nahelegt. Der Konflikt spitzte sich zu, die Frauen in der Redaktion streikten, unterstützt von den in Berlin starken feministischen Gruppen, und setzten am Ende den totalen Proporz und einen Zensurparagraphen durch: 52 Prozent aller Stellen sind mit Frauen zu besetzen; bei allen Themen, die direkt oder indirekt mit Frauen zu tun haben, steht ihnen ein Vetorecht zu. Ein kurioser Fall freiwilligen Verzichts auf die innere Pressefreiheit.

Die Sexismus-Debatte in der *taz* ist der schreiende Ausdruck eines neuen, zähen, zerstörerischen Kampfs der Geschlechter. Die Verbote, mit denen wir groß geworden sind, haben immer noch Macht. Wir können sie nicht vergessen. Indem wir sie übertreten, zollen wir ihnen Tribut. In *Ästhetik und Kommunikation* schreibt Uli Puritz von der »ertrotzten, trotzigen Sexualität« und von der zwanghaften Fixierung auf das »Schwanz-und-Mösen-Primat«. Dieses drastische Vokabular (das auch Gailers Text beherrscht) zeigt im übrigen das Bemühen, wenigstens in Worten konkret und bestimmt zu sein, wo man es in der Sache längst nicht ist. Die beharrliche Diskussion der Beziehungsprobleme wird zum Beziehungs-Ersatz, und nicht selten läuft sie Gefahr, das Geheimnis der erotischen Attraktion in purer Begrifflichkeit aufzulösen.

Ein entspanntes, selbstverständliches, frageloses Verhältnis zum eigenen Körper und seiner Sexualität ist immer noch Utopie, die einzige und letzte vielleicht, die in allen Köpfen noch lockt. Aber Arkadien ist weit, der Ort, wo Sehnsucht und Erfüllung eins werden, ist nicht hier. Der öde Streit über den »vaginalen Orgasmus«, der fast alle Publikationen der Frauenbewegung bis hin zur Zeitschrift *Psyche* durchzieht, ist nur ein Indiz für den trostlosen Mechanismus, in dem die Beziehungen knarren. Sein oder Nichtsein, Penetration ja oder nein, ist in alternativen Kreisen die Frage der Fragen.

Der letzte Ausweg aus diesem Clinch ist für viele die Flucht in die Vertrautheit des eigenen Geschlechts. »Zum Glück bin ich schwul«, schreibt ein *taz*-Leser voller Furcht. Die Technik der Problem-Akkumulation: den einen Scherbenhaufen zu vergessen, indem man einen neuen aufschüttet, ist beliebt, aber von zweifelhaftem Erfolg. Viele Frauen entwickeln auf dem Weg ihrer Emanzipation eine Männerfeindschaft im Kopf, die sie dazu zwingt, lesbisch zu sein, oft gegen ihre eigentlichen, verschütteten Bedürfnisse.

Die Rede vom »Sexualobjekt«, das man nicht sein will (was heißt schon Objekt, und macht es nicht auch Spaß, »Objekt« von Liebe zu sein?), geht letzten Endes auf alte Ganzheitsideologien zurück, die in Wahrheit nicht meinen, was sie sagen. Denn im Grunde sind sie körperfeindlich. Im Zwiespalt zwischen Kopf und Bauch geben sie dem Kopf die Oberhand: Ihm haben sich die Bedürfnisse des Körpers unterzuordnen. Zur Sexismus-Debatte schrieb eine Leserin: »Und daß ihr's wißt – der Körper (Frauenkörper) ist unantastbar und heilig! Und wer den heiligen, schönen Körper so in den Dreck zieht, ist in meinen Augen ein perverses Schwein!« Das erinnert mich bis in die Wortwahl an eine jener katholischen Aufklärungsschriften, wie man sie hinter Kirchenportalen neben der *Neuen Bildpost* findet: »Bemühe dich, jedes Mädchen mit den Augen des christlichen Bruders und nicht mit den vielleicht begehrlichen Augen des Jungen anzuschauen. Vergiß nicht, daß jedes Mädchen zu dem Geschlecht der Gottesmutter gehört, daß es eine Schwester der reinsten aller Frauen ist.«

Viele Argumente der Frauenbewegung arbeiten mit der Strategie der Verunsicherung, des schlechten Gewissens, im Rückgriff auf eine lustfeindliche Moral. Und nicht wenige Männer treten bußfertig an, um dann verächtlich »Softie« genannt zu werden. In *Sexualität konkret* schrieb Jürgen Bopp: »Eine neue sexualfeindliche Moral breitet sich aus. Ihre Vertreter stehen nicht mehr auf Kanzeln und Kathedern, sondern sitzen auf Matratzen, tragen hautenge Jeans und lange Haare, lesen Castañeda und hören Pink Floyd.«

Alice Schwarzer sagte damals, als sie vor zwei Jahren im Prozeß gegen Henri Nannen die gefährliche Forderung nach Zensur von Sexphotos erhob, die Frauen müßten sensibler werden gegenüber sogenannten Reformen, »die – wie die Reform des Pornographie-Verbots – letztlich nur den Männern und ihrer Lust an der Verfügbarkeit weiblicher Sexualität dienen«. Und in *Ästhetik und Kommunikation* äußerte eine Frau mit aller Entschiedenheit, »daß die ganze sexuelle Revolution nur gut für die Männer war«.

Sollen wir also zurück in den alten Keuschheitsmief? Ist das Unheil, das er anrichtete, schon vergessen? Wilhelm Reich hat 1933 einen Zusammenhang zwischen sexueller Unterdrückung und Faschismus hergestellt. So abwegig war das nicht. Und sehen denn Frauen nie den Mann als Objekt ihrer Wünsche? Was meint wohl Donna Summer, wenn sie singt: »I need some hot stuff baby tonight«? Sicher nicht Hagebuttentee. Peggy Parnass gehört zu den wenigen, die dergleichen eingestehen: »Ich will kein Geld von ihnen (den Männern), ich will keinen Ehering, ich will alles mögliche nicht, aber das will ich: das Eine, wofür sie beschimpft werden, das Eine, was sie angeblich immer nur wollen – das will ich und sonst nichts« *(Sexualität konkret)*. Und sie fügt selbstkritisch hinzu: »Was ich brauche, ist Wahnsinn.«

Ja, es ist der Wahnsinn, der unsere Sexualität immer noch beherrscht, selbst in ihrer Befreiung noch. Die Angst vor dem entfesselten Chaos werden wir nicht los. »Die einzige und höchste Wollust der Liebe liegt in der Gewißheit, das Böse zu tun«, schrieb einst Beaudelaire. Über dieses Bewußtsein, daß wir das Böse tun, wenn wir unseren Neigungen nachgeben, sind wir immer noch nicht hinaus. Und allzuoft sind ja diese Neigungen schon verbogen, verquer, weil es eine Freiheit der Sexualität nicht abstrakt geben kann in einer Welt, die von Leistungsdruck, Konkurrenz und Gewalt beherrscht wird. So hat denn auch die »sexuelle Revolution« (wenn sie eine war) viele Deformationen erst ans Licht gebracht. Jetzt kann man sie sehen und vielleicht wieder geradebiegen.

Mag sein: Dies ist die Welt des Patriarchats. Aber aus ihr kommen wir doch nicht heraus, indem wir die mühsam herabgestürzten Götzen der Lustfeindlichkeit wieder auf ihre Podeste stellen.

5. Dezember 1980

Jede Frau ist schön

Über Geschlechterrollen

Die Schönheit der Frauen ist kein Argument mehr. Frauen sehen gut aus, sind attraktiv, sie halten sich fit durch Sport und gesunde Ernährung, pflegen ihren Körper, sie verwerten ihn für ihre Karriere. Aber sie berufen sich nicht auf Schönheit. Sie wollen ihrer Intelligenz, ihrer Leistung wegen beachtet werden, nicht ihres Äußeren wegen.

Das Äußere gilt nicht mehr als Abbild des Inneren, sondern als bloß äußerlich, als zusätzliches Plus im Kampf um Marktgewinne in der Verwertungsgesellschaft. Sagt man einer Frau, sie sei schön, so läuft man Gefahr, sie zu kränken. Als hätte man ihr zu verstehen gegeben, sie sei zwar ganz hübsch, aber unbedarft. Die klassische Idee: in der Schönheit eines Menschen offenbare sich die Einheit von Seele und Körper, ist nicht nur verlorengegangen, sie brächte den, der sich auf sie beriefe, in den Geruch des Reaktionären.

Die Leistungsethik lehrt uns, den von Aggressivität verzerrten Körper schöner zu finden als die entspannte und sanfte Gestalt, das rundungslos asketische und sehnige Arbeitstier ansehnlicher als die von Gelassenheit und Einverständnis mit sich selber zeugende Leiblichkeit. Ein Freund, den ich nach längerer Zeit wieder traf, erzählte mir in einer Mischung aus Sorge und Stolz vom beruflichen Erfolg seiner Freundin. Er freue sich über ihre Karriere, aber er beobachte eine Veränderung an ihr. Ihr eher üppiger Körper, den er immer gemocht habe, sei nun schlank, angespannt und nervös geworden. – Die sogenannte gute Figur, die dem Fortkommen nützt, weil sie Leistungswillen verrät, war an die Stelle von Schönheit getreten.

Die gute Figur ist das Produkt gezügelten Lebens. Sie unterwirft sich einer Ordnung, die das Schöne instrumentalisiert. Schönheit im emphatischen Sinn jedoch widerspricht solcher Geordnetheit, sie ist rätselhaft, anarchisch, sie zerstört, wo sie erscheint, das Regelsystem von Zweck und Nutzen. Zur Schönheit gehört das Erschrecken desjenigen, der sie erblickt. Die alten Märchen erzählen, wie einer die schöne Königstochter sieht und alles, was die Vernunft ihn lehrt, in den Wind schlägt, sein Leben hingibt an den plötzlichen Wahnsinn. Vielleicht dachte Rilke auch daran, als er in der ersten Duineser Elegie schrieb: »Denn das Schöne ist nichts / als des Schrecklichen Anfang, den wir noch gerade ertragen, / und wir bewundern es so, weil es gelassen verschmäht, / uns zu zerstören.« So gedacht verlangt Schönheit die unmittelbare Hingabe, die Aufgabe von Rücksicht und Vorsicht, das Aussteigen aus der geplanten Biographie. Schönheit derart zu bestimmen, mag ein anachronistisches Gedankenspiel sein. Aber mir scheint, es wird heute so selten gespielt, daß es fast umstürzlerische Züge annimmt.

Die Zerrissenheit von Körper und Seele ist der Preis, den das Patriarchat für die Macht bezahlen muß, und ihn entrichten nun auch viele Frauen, ohne sicher sein zu können, sich dieser Macht jemals zu erfreuen. Sie verlieren damit aber jene Macht, die ihnen von alters her zustand: Die Macht der Schönheit. Die Mythen vieler Kulturen, zumal der abendländischen, berichten von ihr. Jetzt jedoch zählt sie nicht mehr. In der Redewendung vom »schönen Geschlecht«, so schreibt Barbara Sichtermann *(Ästhetik und Kommunikation,* Sonderheft »Sex & Lust«), sei die Schönheit bloß Chiffre für jene Macht, die die Frauen als einzige besitzen dürften.

In der öffentlichen Debatte über das Verhältnis der Geschlechter ist das Schönheitsargument tabu. Frauen dürfen nicht mehr schön sein. Natürlich sind sie es auch weiterhin, und so wirkt die Macht der Schönheit uneingestanden fort, untergründig, unerkannt, in veränderter Form.

Was sich geändert hat, zeigt ein Vergleich zweier Bilder, die beide etwas verraten über den Machtfaktor der weiblichen Schönheit, über ihre Inszenierung vor einem männlichen Publikum. Das eine: das Plakat einer Werbeagentur in Stuttgart

für die Strumpfhosenfirma Arwa aus dem Jahre 1981. Das andere: das im Besitz der Hamburger Kunsthalle befindliche Gemälde von Jean Léon Gérôme »Phryne vor den Richtern« aus dem Jahre 1861.

Trotz des völlig verschiedenen Verwendungszwecks, hier Plakatwerbung, dort Salonmalerei, trotz des zeitlichen Abstands von hundertzwanzig Jahren sind die Bilder verblüffend ähnlich aufgebaut. Eine erotisch anziehende Frauengestalt im optischen Zentrum, eine Gruppe von Männern ihr gegenüber, erstarrt vor Überraschung und Bewunderung im Anblick plötzlich offenbar gewordener Schönheit. Die Frau ist einzeln, die Männer sind Masse; die Frau ist das durch den Besitz der Schönheit ausgezeichnete Individuum, die Männer sind entindividualisierte, in Bann geschlagene Objekte einer Macht, über die sie nicht verfügen. Diese Darstellung zeigt einen wirklichen Sachverhalt. Noch mehr aber enthüllen sich in ihr Phantasien. Nicht notwendig nur die von Männern, denn sie handeln von der Begierde und zugleich von der Erweckung der Begierde, vom Begehrtseinwollen. Darin liegt die doppelsinnige Wirkung der Bilder.

Doppelsinnig ist einer der schönsten Mythen über die eroti-

sche Macht der Frau: der Mythos von der antiken Hetäre Phryne, den Gérôme in seinem Gemälde umdeutet, dem zeitgenössischen Geschmack entsprechend. Phryne lebte im vierten Jahrhundert vor Christus. Sie war die berühmteste Hure ihrer Zeit und eine der berühmtesten überhaupt. Der Bildhauer Praxiteles, der sie liebte, schuf viele Statuen nach ihrem Modell, und manche sagen sogar, daß alle seine Statuen (und die seiner zahlreichen Epigonen) dieser Frau nachgebildet seien. Von Praxiteles stammte auch das Standbild der Phryne in Delphi. Es war aus Gold und ruhte auf einem Pfeiler aus pentelischem Marmor. Es befand sich zwischen den Statuen der Könige Archidamos und Philippos. Was nur Königen vergönnt war, hatte eine Hure erreicht. Als der Philosoph Krates dies sah, soll er gesagt haben, das sei ein Beweis für die Zügellosigkeit der Griechen.

Noch berühmter wurde Phryne durch jenen Prozeß, den Gérôme in seinem Bild darstellt. Ein im damaligen Athen einflußreicher Mann namens Euthias, der als Denunziant galt, klagte Phryne wegen Religionsfrevels an. Er war ihr Geliebter gewesen, sie aber hatte ihm offenbar den Laufpaß gegeben und eine Rechnung geschickt. Darüber erbost behauptete Euthias unter anderem, Phryne verehre eine neue Gottheit und habe einen konspirativen Kult gegründet. Das war ein schweres Vergehen.

Der Redner Hypereides, auch er ein Geliebter Phrynes, übernahm die Verteidigung und hielt eine später oft kolportierte Rede. Auf dem Höhepunkt seines Plädoyers zog er Phryne das Gewand von der Brust und argumentierte, eine Frau, die so schön sei, könne unmöglich schuldig sein. Daraufhin wurde sie freigesprochen. Phryne sei, so soll Hypereides gesagt haben, die »Verkünderin des göttlichen Willens und Priesterin der Aphrodite«. Damit wollte er die Richter in Gottesfurcht versetzen, was ihm offenbar auch gelang.

Der wirkliche historische Kern der Geschichte steht nicht genau fest. Die »Realencyclopädie der classischen Altertumswissenschaft« (Pauly/Wissowa), die mehrere Seiten über Phryne berichtet, verzeichnet einige Varianten des Prozeßverlaufs, unter anderem die, Phryne habe sich selber die Brust entblößt, um die Richter gnädig zu stimmen. Entscheidend jedoch ist weniger das, was tatsächlich der Fall war, als vielmehr die Legendenbildung, die schon zu Lebzeiten Phrynes begann.

Die Pointe der Geschichte liegt darin, daß Phryne letztlich ihrer Schönheit wegen vor Gericht kam und ihrer Schönheit wegen freigesprochen wurde. Der geniale Redner Hypereides bediente sich des Schönheitsarguments, weil er seiner Wirkung sicher sein konnte. Und es wirkte, weil Schönheit nicht bloß das bedeutete, was wir heute eine »gute Figur« nennen würden, sondern die Identität von Seele und Körper, von geistiger und leiblicher Existenz.

Die zahlreichen Anekdoten, die über Phryne in Umlauf waren, stellen sie als eine intelligente und selbstbewußte Frau dar. Eine davon berichtet, Phryne habe sich erboten, die Mauern der Stadt Theben auf eigene Kosten wieder aufbauen zu lassen, unter der Bedingung, daß eine Tafel angebracht würde: Alexander der Große habe sie geschleift, die Hure Phryne aber wieder aufgebaut. Eine andere Anekdote erzählt, Phryne habe mit Freunden gewettet, sie könne den wegen seiner Enthaltsamkeit berühmten Philosophen Xenokrates verführen. Sie verbrachte eine Nacht bei ihm und mußte am Morgen zugeben, daß ihre Künste vergebens gewesen waren. Die Wette zu bezahlen, weigerte sie sich mit den Worten, sie komme nicht von einem Mann, sondern von einer Statue. Das Sprachspiel läßt sich im Deutschen nicht wiedergeben. Im Griechischen sind die Worte stammverwandt: *ap' andrós* (von einem Mann) und *ap' andriántos* (von einer Statue).

Natürlich würde es heute kein Anwalt wagen, vor Gericht die Schönheit seiner Mandantin ins Feld zu führen. Er würde ihr schaden und sich selber lächerlich machen. Das Schönheitsargument hat nicht nur seine Wirkung verloren, es hat sogar eine negative Bedeutung. Zwar setzen Frauen nach wie vor ihre Schönheit taktisch ein, aber das geschieht unterderhand, sozusagen unerlaubterweise, und es verbietet sich völlig in höheren Positionen. Die wenigen Frauen, die in Politik und Wirtschaft Karriere gemacht haben, scheinen alles daranzusetzen, ihr Aussehen dem der Männer anzugleichen. Sie tragen eine geschlechtsneutralisierende Kleidung, die alles verbirgt, was sie an Schönheit besitzen. Eine Frau, die sich in einem seriösen Unternehmen um eine Stelle bewirbt, hat darauf zu achten, daß sie nicht zu attraktiv in Erscheinung tritt, sonst könnte einer denken, sie habe es nötig, mit ihrem Aussehen zu werben. In der Tat verrät ein gewisses Maß an Schönheit mangelnde Bereitschaft zu Unterordnung und selbstvergessener Leistung.

Dieses in Wahrheit puritanische Argument machen sich auch viele emanzipierte Frauen zu eigen. Es geht ihnen nicht nur darum, sich dem Weiblichkeitswahn und dem gängigen Schönheitsklischee zu widersetzen, sie lehnen es bewußt ab, schön zu sein, weil dies in ihren Augen bedeutet, sich herabzuwürdigen und männlicher Geilheit auszuliefern. Damit aber verhalten sie sich defensiv statt offensiv. Offensiv zu sein hieße, sich auf das Beispiel der Phryne zu besinnen, die virtuos mit der Macht der Schönheit spielte und die zugleich witzig, schlagfertig und auf eine herausfordernd-riskante Weise selbstbewußt war. Das läßt sich nicht voneinander trennen: Sie war schön, weil sie selbstbewußt war, und selbstbewußt, weil sie schön war.

Für Männer ist das eine Provokation. Gérôme zum Beispiel mildert sie durch eine entscheidende Änderung im Detail: Phryne verbirgt schamhaft ihr Gesicht. Das heißt, sie bestimmt nicht mehr selber die Situation, sondern sie ist zum Objekt geworden, und zwar zum Objekt ihres Anwalts und des Betrachters. Während die Runde der Richter, durchweg Greise mit faltigen Gesichtern und langen Bärten, Zeichen des Erschreckens äußert, während etwa der Alte rechts vorn nur noch resigniert, wie in Erinnerung an ferne Zeiten, die Hände in den Schoß sinken läßt, reißt der junge Verteidiger seiner Geliebten in theatralischem Schwung das Gewand vom Körper, daß sie gänzlich entblößt dasteht. Phryne selber ist statuenhaft erstarrt, eine Marmorfigur, die der Schönheit unwillentlich und unwissentlich teilhaftig ist. Wir sollen sie uns als unschuldig und naiv denken. Sie besitzt nicht mehr den Willen zur Macht der Schönheit. Statt unverschämt zu sein wie die wirkliche Phryne, ist sie verschämt.

Auf dem Arwa-Plakat geht die Provokation von der Frau aus. Sie hat ihr Kleid aufgeknöpft, und ein Windstoß weht ihre langen Beine frei. Mit herausfordernd spöttischem Blick wirft sie den Kopf zu den Soldaten zurück, einer Gruppe feixender und grinsender Knaben, die aus dem Schritt geraten und ineinander stolpern, während sie hocherhobenen Schritts davongeht.

Als das Plakat vor etwa einem Jahr erschien, protestierten Frauengruppen in Stuttgart, das sei eine Aufforderung zur Vergewaltigung. Sie rissen die Plakate herunter und besprühten die Gebäude der Strumpfhosenfirma. Auch in Wien protestierten kürzlich Feministinnen, als die Unterwäschefabrik Palmers auf Plakaten eine mit ihren Dessous bekleidete Frau abbildete, dazu den Text »Du bist schön«. Diese Einwände wären verständlich, wenn solche Bilder allein den infamen Phantasien von Werbestrategen entstammten. Aber es bedarf keiner großen Originalität, etwas darzustellen, was seit jeher die sexuelle Attraktion ausmacht: das Sich-Zeigen der Frau.

Bemerkenswert ist allein, daß die erotisch provozierende Pose solcher Werbung den Schönheitsbegriff reduziert auf die Verführung des vom Ganzen gelösten Einzelnen: des langen Beins, der schönen Brust, des makellosen Teints. Die Schönheit ist aufgespalten in Attribute, die durch Konsum ins Licht gesetzt werden. Der Körper wird zum Konsumgegenstand. Er ist sportlich trainiert, ultraviolett gebräunt, er federt vor Energie, bereit zum Einsatz an der Marktfront. Die Frauen auf diesen Plakaten sind, so schön und selbstbewußt sie aussehen, in Wahrheit keine potentiellen Gegner des Mannes mehr, sondern sie führen etwas vor, sie zeigen *etwas,* nicht *sich.* Sie sind Agenten der Leistungsethik.

Dennoch: gemessen an der neckischen Verschämtheit des 19. Jahrhunderts, wie sie etwa Gérôme gestaltete, gehen solche Bilder einen Schritt weiter. Über ihre bloß werbende Absicht hinaus enthüllt sich in ihnen etwas von der Möglichkeit, die Frauen haben: Macht durch Schönheit auszuüben. Und Schönheit heißt hier nicht »gute Figur«, sondern: Einverständnis mit sich selber.

In einer Diskussion der italienischen Frauenzeitschrift *quotidiano donna* (abgedruckt in *Ästhetik und Kommunikation)* sagt eine Frau: »Mir gefällt es viel mehr, mir selbst zu gefallen als anderen. Auch, weil ich davon überzeugt bin, daß, wer sich selber gefällt, auch anderen gefällt ... Jede Frau hat ihre eigene Schönheit. Jede Frau ist schön«. Sich selber zu gefallen, ist die Einheit von Selbstbewußtsein und Körperbewußtsein, ist Schönheit. Wer sich aber selber gefällt, hat es nicht nötig, seinen Körper über die Rennbahn der Karrieren zu jagen, um Bestätigung zu erringen. Das ist das selbstgewählte Schicksal der Männer. Listig ihm zu entgehen, ist die Chance der Frauen.

5. Februar 1982

III. Krieg und Frieden

Unfriedlich zum Frieden

Über die Schriftsteller in Den Haag

Der Krieg findet statt. Er ist eine Form der Politik. Für den Krieg sind die Politiker zuständig. Damit er nicht stattfinde, bewaffnen sie ihre Völker bis an die Zähne. So gerüstet können sie leichter Krieg führen. Darüber berichten die politischen Ressorts der Zeitungen.

Der Frieden findet kaum irgendwo statt. Er ist eine Form der Utopie. Für Utopien sind die Dichter zuständig. Darüber schreiben die Feuilletons.

Das ist eine Arbeitsteilung, aber sie funktioniert leider nicht. Wenn die Schriftsteller, wie es jetzt überall geschieht, für den Frieden sprechen, schreiben und kämpfen, dann handeln sie politisch, und sie betreiben, ob sie es wollen oder nicht, das Handwerk der Politiker. Sie betreiben es nicht unbedingt schlechter, denn was Schauspieler, Hausfrauen und Generäle können (nicht können), das können sie auch (nicht). Aber wenn sie ihren Schreibtisch verlassen und der Friedensbewegung beispringen, dann geraten sie in eine Lage, die nicht immer ihren Neigungen und Fähigkeiten entspricht: Sie müssen öffentlich reden, taktieren, Bündnisse schließen, sie müssen die Reinheit ihres Wollens dem erwünschten Resultat opfern, sie müssen sich »die Hände schmutzig machen«.

Günter Gaus, der eher ein Politiker als ein Schriftsteller ist, gebrauchte die Formulierung während jener Friedenskonferenz, die in Scheveningen bei Den Haag stattfand und an der etwa fünfzig Schriftsteller aus fünfzehn europäischen Staaten teilnahmen. Die Zusammenkunft hieß »Haager Treffen zur Weiterführung der Friedensinitiative europäischer Schriftsteller«, und sie war die Fortsetzung jener sogenannten »Berliner Begegnung«, die auf Einladung von Stephan Hermlin am 13. und 14. Dezember 1981 in Ost-Berlin stattgefunden hatte.

Damals hatten sich erstmals seit der Teilung Deutschlands Schriftsteller aus Ost und West zusammengefunden, um gemeinsam, über die politischen Differenzen hinweg, die Sache des Friedens voranzutreiben. Schon damals gerieten die Schriftsteller mit jenem »Schmutz« in Berührung, den sie als Preis für die kostbare Gemeinsamkeit in Kauf zu nehmen hatten. Denn während sie sich um Verständigung mühten (und während zur selben Zeit Schmidt bei Honecker war), verhängten die polnischen Militärs das Kriegsrecht.

»Ein paar Dutzend ehrenhafter liberaler Wortschöpfer schwätzten klug vom Frieden, während eine Armee antrat, ein tapferes Volk in die Keller zu verjagen und ihm den Schneid auszuprügeln.« Dies sagte, böse und hämisch, der Schriftsteller Gerhard Zwerenz in einem Kommentar des Südwestfunks. Stephan Hermlin hatte ihn, einer alten persönlichen Fehde wegen, nicht nach Ost-Berlin eingeladen. So rächte sich Zwerenz. Hatte er ganz unrecht? Hatte nicht die schmutzige Politik die friedensbewegten Schriftsteller in Ost-Berlin zu Friedensnarren gemacht?

Es waren immerhin drei Autoren, Adolf Muschg, Stefan Heym und Günter Grass, die dafür sorgten, daß die polnische Tragödie nicht gänzlich dem Ost-Berliner Harmoniebedürfnis geopfert wurde. Schon damals, als der DDR-Schriftsteller Benito Wogatzki aus Freude über das friedliche Ende des Kongresses ausgerufen hatte: »Es geht, es geht!« konnten die sensibleren Köpfe merken, daß solcher Frieden seinen Preis hat: den Unfrieden nicht wahrzunehmen.

In Den Haag war das nicht anders. Günter Grass wollte sich damit nicht abfinden. Ihm vor allem (aber auch Stefan Heym, Günter de Bruyn, Jurek Becker und Carl Amery) gebührt das Verdienst, unfriedlich und hartnäckig den billigen Konsens verhindert zu haben. Indem Grass auf dem Thema Polen beharrte, schien er zeitweise in Kauf zu nehmen, daß die Konferenz platzen könnte. Mit steinerner Miene und unendlich vorsichtig formulierten Sätzen riet Hermlin zur Mäßigung.

Der Skandal ließ sich harmlos an. In der Türkei war ein Friedenskomitee verboten und eine Gruppe von vier Schriftstellern verhaftet worden. In aller Unschuld bat der türkische Autor Vasif Öngoren die anwesenden Schriftsteller, sich für ihre verfolgten Kollegen einzusetzen. Dies hielt jedermann für angebracht. Günter Grass jedoch verlangte, es solle zugleich etwas für die polnischen Kollegen getan werden, die nicht nach Den Haag hätten kommen können, weil sie in Lagern oder sonstwo festsäßen.

Den Vorschlag von Grass hielt keineswegs jeder für angebracht. Die Fraktion der aufrechten DDR-Sozialisten, Hermann Kant, Erik Neutsch und Benito Wogatzki, mauerte stumm und drohend. Daraufhin Grass: »Ich bin beschämt und betroffen, daß unsere Solidarität nicht so weit reicht, die Unterdrückung von Kollegen in Polen und in der UdSSR zu benennen.«

Die Situation war so gespannt, daß sogar der allzeit streitlüsterne Stefan Heym mahnte: »Wir sind an einem Punkt angelangt, wo etwas schiefgehen kann.« Und Bernt Engelmann, der dieses Treffen zusammen mit dem niederländischen PEN organisiert hatte, stellte unwidersprochen fest: »Das Thema Polen ist nicht konsensfähig.«

So war es. Und die nachfolgenden Streitereien über die Frage, ob man dem von Martin Gregor-Dellin angebotenen Kompromiß zustimmen solle, der westdeutsche PEN werde sich der türkischen und der polnischen Kollegen annehmen, waren zeitweise von erbärmlichem Niveau. Debatten in der Uno, stelle ich mir vor, verlaufen auch nicht erfreulicher, vermutlich aber professioneller.

So kam die Konferenz glimpflich davon, und Stephan Hermlin, dem viel an ihrem Gelingen lag, und der oft gezittert haben muß, setzte am Ende, als die Resolutionen unter Dach und Fach waren, ein Lächeln auf.

Dabei war der Streit um Polen nicht der einzige. Zuvor hatte Stefan Heym (DDR) jene Repressalien benannt, denen die Friedensbewegung in der DDR ausgesetzt ist. Hermlin tadelte Heyms Ausführungen als »ungerecht und etwas anmaßend«, worauf Grass Hermlin tadelte, er verteile Noten, worauf

Hermlin zänkisch entgegnete, er verbitte sich die Bemerkung. Und dann schlug Grass vor, man solle gemeinsam ein Büro einrichten, das all jenen Beistand gebe, die wegen ihres Eintretens für den Frieden verfolgt würden.

Da mußte nun Hermann Kant, Präsident des Schriftstellerverbandes der DDR, Einspruch erheben. Er tat es wortgewandt und doch umständlich und vorsichtig. Wer behaupte, in der DDR werde der Friedensbewegung das Leben schwergemacht, rede von einem Phantom. Das Grassche Büro sei gänzlich unnötig. Dann aber sagte er etwas sehr Interessantes: »Bei uns konnten nervöse Reaktionen und Unfug beobachtet werden. Ich weiß, daß es das gab. Aber wir können das selber regeln, ohne Büro.« Und Hermlin, der ewig Abwiegelnde, sprang ihm bei und teilte mit, Kant habe sich mehrfach für in Schwierigkeiten geratene DDR-Bürger eingesetzt. Günter Gaus machte endlich einen Kompromißvorschlag, der in der Schlußresolution akzeptiert wurde: »Wir sehen es als unsere Pflicht an, den Menschen, die wegen ihres Eintretens für den Frieden verfolgt werden, nach bester Kraft zu helfen.« Ein einfacher Satz, ein selbstverständliches Gebot – aber lange und friedlos war der Weg, bis man dorthin gelangt war.

Es schien oft, als wären die Schriftsteller selber davon überrascht, wie gering und labil ihre eigene Friedensfähigkeit ist. Die wirklichen Konflikte, die in Den Haag auszukämpfen waren, sprachen den gelegentlich naiven und bekennerhaften Friedensbekundungen Hohn. Es wäre ja sehr einfach, wenn bloß die Politiker dumm und kriegslüstern wären. Der Falkland-Krieg lehrt, wie schnell der Friedenswille in Kriegsbegeisterung umschlagen kann, bei sehr vielen Menschen, auch bei Schriftstellern, auch in den Feuilletons.

Dieser Tage schrieb Günter Zehm im Feuilleton der *Welt* über die Soldaten, die der Falklands wegen sterben müssen: »Sie opfern sich nicht, sondern sie setzen sich spielerisch der Möglichkeit des Todes aus.« Vielleicht muß man so etwas immer wieder von dieser Zeitung erwarten. Aber daß auch das Feuilleton der *FAZ* der Kriegslyrik des London-Korrespondenten Karl-Heinz Bohrer dreispaltig Raum gibt, ist ungewöhnlich (noch). Bohrer bescheinigt dem in England ausgebrochenen Wahnsinn eine »sonore Symbolik«, »Spiritualität« und der westdeutschen Friedensbewegung »winselnde Harmlosigkeit«. Der intellektuell verbrämte Atavismus hat Methode. Von den Kriegstänzen der Indianer unterscheidet ihn nur seine Unaufrichtigkeit.

Aus solchen Gründen war vieles von dem, was in Den Haag über den Frieden geäußert wurde, nicht analytisch genug. Die Schriftsteller hätten ihren eigenen Friedensbegriff in Zweifel ziehen müssen. Heinar Kipphardt war einer der wenigen, die es taten. Er sprach von jener Zerstörungs- und Selbstzerstörungslust, wie sie sich im Alkoholismus, in der Drogensucht, überhaupt im Alltag der westlichen Zivilisation äußert. Insofern war die These des mutigen und kritischen DDR-Schriftstellers Günter de Bruyn: »Die Erde ist voll von Menschen, die weder töten noch getötet werden wollen«, ergänzungsbedürftig. Die Erde ist eben leider auch voll von Menschen, die töten wollen und getötet werden wollen.

In seinem großen Werk »Masse und Macht« schreibt Elias Canetti: »Der Mensch will sich erhalten, gewiß, aber es gibt andere Dinge, die er zugleich will und die davon nicht abzulösen sind. Der Mensch will töten, um andere zu überleben. (...) Der Augenblick des Überlebens ist der Augenblick der Macht.« Solche anthropologischen Wahrheiten machen das Gespräch über den Frieden schwieriger, aber sicherlich ergiebiger als jene Ahnungslosigkeit, die so tut, als wären wir alle vom Frieden beseelt, und nur einige Bösewichte trieben uns in den Krieg.

In einem der Spielsalons, mit denen die Strandpromenade von Scheveningen gesäumt ist, stand ein kleines Mädchen, vielleicht zehn Jahre alt, an einem Schießstand. Auf einem Bildschirm erschien lebensgroß ein Cowboy, der den Colt aus dem Halfter riß und zielte. Die Kleine schoß mit ihrem elektronischen Revolver, und der Cowboy wälzte sich sterbend einen Hang hinunter. Am Ende erschien die Schrift »You won«, und die Mutter, die dabeistand, war hellauf begeistert.

Nach der Berliner Begegnung, die sich mit dem Ereignis zufriedengeben konnte, daß Autoren aus Ost und West an einem Tisch saßen, stand das Haager Treffen unter dem Zwang, die

Friedensbemühungen konkreter werden zu lassen. Wie aber sollte das gehen? Günter Gaus, der übrigens mit seiner luziden Formulierungskunst manchen Schriftsteller in den Schatten stellte, warf der Friedensbewegung vor, sie verliere sich im Utopischen. Nichts sei den Politikern lieber als das. Am Ende der Friedensdiskussionen dürften keine Träume stehen, sondern umsetzbare politische Vorstellungen. Man dürfe nicht den übermäßigen zweiten Schritt vor dem jeweils nächsten tun. »Die Geneigtheit zum Krieg wächst in Europa. Sie wächst schneller als die Friedensbewegung, die das nicht einmal merkt.«

Als Gaus jedoch in politisch-strategische Details ging, die Beseitigung von Nato-Doppelbeschluß und »Flexible Response« und die Rückkehr zum alten Abschreckungskonzept forderte, regte sich Unmut auf allen Seiten. Kipphardt sagte: »Wir sind nicht Leute, die das Mögliche ermöglichen wollen. Wir machen keine Vorschläge an die Adresse der Regierungen.« Und Jurek Becker entgegnete: »Ich will nicht lernen, mich auf diesem Eis zu bewegen.« Die neuen Abrüstungsvorschläge Reagans seien nicht die Folge von Diskussion, sondern Ergebnis jenes Drucks, den die Friedensbewegung erzeugt habe.

Der Pragmatismus von Günter Gaus fand kein freundliches Echo. Peter Härtling sagte mit Bitternis, er habe bei den Kämpfen um die Startbahn West die Pragmatiker erlebt, die gegen alle Vernunft und Menschlichkeit eine Schneise durch den Wald geschlagen hätten. – Wenn aber kein Pragmatismus, was dann? Die Utopie Robert Jungks etwa, der eine universelle »Technosabotage« prophezeite? Oder der bescheidene, aber praktikable Vorschlag Härtlings, eine Friedensbibliothek für Kinder aufzubauen?

Niemand war damit recht zufrieden, Ratlosigkeit beherrschte oft die Konferenz. Am Ende mußte man froh sein, daß das Friedenstreffen friedlich ausging. Unnötig war es nicht. Aber es war zwangsläufig weniger wirkungsvoll als die Berliner Begegnung. Denn dort wirkte die Debatte weit und folgenreich in die DDR hinein, und die Sitzungsprotokolle (die laut Hermann Kant nicht eine Auflage von wenigen hundert Stück hatten, wie bisher angenommen, sondern von 3000) fanden reißenden Absatz.

In Den Haag jedoch verebbte der Friedensüberschwang der Schriftsteller im weiten Gelände politischen Mißvergnügens. Und in deutsch-deutschen Querelen. Das Haager Treffen war gelegentlich so von ihnen beherrscht, daß der niederländische Schriftsteller Harry Mulisch sanft dagegen protestierte. Doch das deutsche Thema ließ sich schon deshalb nicht umgehen, weil, wie Dieter Lattmann sagte, die Grenze zwischen den USA und der UdSSR mitten durch Deutschland geht. Die ausländischen Autoren spielten folglich keine sehr große Rolle, und die beabsichtigte Internationalisierung gelang nur in Maßen. Was übrigens auch an der nicht sonderlich geglückten Einladungspolitik Bernt Engelmanns lag.

Die Friedensbewegung ist, wie Hermlin einleitend bemerkte, »eine Menschheitsbewegung, von der die Schriftsteller nur ein kleiner Teil sind«. Also sind jene Hoffnungen, die in Den Haag scheiterten, nicht endgültig gescheitert.

4. Juni 1982

Der Krieg in uns
Über Naivitäten in der Friedensdiskussion

Gegen den Krieg schreiben, ist allerdings so viel, als im Druck harte Winter scharf rügen, oder die Erbsünde. Denn bisher waren die Geschichtskapitel mit Krieg gefüllt, unter welche der Friede einige Noten setzte. Seit der Schöpfungsgeschichte treibt dieses wahre perpetuum mobile des Teufels die Vernichtungsgeschichte fort. Gleichwohl wäre ein Wort für den Krieg noch heilloser, als eines dagegen fruchtlos ist.

Jean Paul, »Kriegserklärung gegen den Krieg«, 1809

Der Film »Gandhi« beginnt und endet mit einer Szene, die sich am 30. Januar 1948 in Delhi ereignet: der nunmehr achtundsiebzigjährige Vater Indiens, der gewaltlose Befreier des Kontinents, macht sich ein letztes Mal auf den Weg, um seine Botschaft der Sanftmut und des Friedens in den blutigen Religionskrieg zwischen Hindus und Moslems zu tragen. »Ich will ihnen klarmachen«, sagt er, »daß die Teufel, gegen die sie kämpfen, nur in ihrer eigenen Brust sind.« Er verabschiedet sich von seinen Freunden. Da fallen Schüsse aus nächster Nähe, gefeuert von einem fanatischen Hindu, der Gandhis Mission als Verrat empfindet. Gandhi sinkt blutüberströmt zusammen.

Richard Attenboroughs vierstündiger Breitwandfilm füllt seit vielen Wochen deutsche Kinos mit einem keineswegs typischen Publikum. Es sind nicht nur die »Eis-am-Stiel«-Teenies, die sich wortlos und ohne Bonbonpapiergeraschel diesen Film ansehen, sondern auch Ehepaare der mittleren Generation, die man selten, und Rentner, die man sonst nie im Kino antrifft. Der Film lockt weder mit bekannten Stars noch mit anderen Attraktionen. Er ist ein sauber gemachter, den Hollywood-Konventionen verpflichteter, eher durchschnittlicher Film. Sein Erfolg erscheint mir erklärungsbedürftig.

Gandhi ist der Mythos der atomaren Endzeit. Gandhi, wie der Film ihn zeigt, gibt unserer diffusen Friedenssehnsucht Nahrung. Er predigt »Frieden schaffen ohne Waffen«, und Millionen hören auf ihn, er verkündet seine Philosophie der Gewaltlosigkeit, und die Briten machen sich zähneknirschend aus Indiens Staub. Gandhi ist Guru und Politiker, klug und tätig, heilig und witzig. In ihm ist der Staatsmann endlich Philosoph geworden. Dieser Jesus aus Indien stirbt für die Idee, der er lebte.

Der »Gandhi«-Film ist kein Rührstück. Er ist sogar realistisch insofern, als er die Glaubenskriege, denen Gandhi zum Opfer fällt, deutlich ins Bild rückt. Aber gerade seine scheinbar differenzierte Betrachtungsweise täuscht über die Ideologie hinweg, die er wirkungsvoll transportiert. Sie lautet: Gandhi stirbt, aber seine Sache siegt. Und wir, groß geworden in der christlichen Tradition, hören: Weil Gandhi stirbt, siegt seine Sache. Denn er ist ja kein Westernheld, sondern ein Held in der Nachfolge Jesu, dessen Opfertod die Botschaft erst plausibel macht. Andernfalls wäre sie es keineswegs. Wir glauben Gandhis Lehre, weil wir, geplagt von Kriegsfurcht, daran glauben wollen. Das erklärt den Erfolg des Films. Wenn am Ende Gandhis blumengeschmückter Sarg durch ein Meer trauernder und in dieser Trauer einander friedlich gesonnener Menschen getragen wird, dann atmen wir hoffnungsfroh auf und denken: Es geht, es geht!

Was geht? Nichts geht. Die Schüsse, die Gandhi niederstrekken, dementieren seine Botschaft. Die Gewalt siegt, nicht Gandhi. (Ich rede nicht von der historischen Figur, sondern von der des Films.) Er unterliegt, weil die Prämisse seiner Philosophie falsch ist. Er sagt: »So oft ich verzweifelt war, fand ich Trost in der Gewißheit, daß der Weg der Wahrheit und der Liebe in der Geschichte immer gesiegt hat.« Dies zu behaupten, ist eine kühne und nicht ungefährliche Einseitigkeit.

Das Pathos dieser Illusion beherrscht die Friedensbewegungen unserer Tage. Gandhi bekämpfte immerhin »den Teufel in unserer Brust«, durch Askese und ein zurückgezogenes Leben, fern von den Zentren der Macht. Er wußte, daß es diesen »Teufel« gab, wenngleich er ihn unterschätzte. Die Friedensbewegung weiß nicht einmal das. Ihre Teufel heißen Reagan und Weinberger. Von den Teufeln in ihrer eigenen Brust weiß sie nichts. Die Wurzel allen Unheils sieht sie in den Militärs, in der Rüstungsindustrie, in den Politikern. Gäbe es diese Kriegstreiber nicht, so herrschte eitel Friede. Das Weltbild der Friedensbewegung ist schlicht und klar: Krieg ist ein Mißgeschick, in das die Menschen, geblendet durch Vorurteile, genötigt durch Ungerechtigkeit, wider ihre Natur und wider ihre Bestimmung hineintaumeln. Im Grunde ihres Herzens sehnen sich alle nach dem Frieden.

Daß dies nicht so ist, sondern daß die Menschen weit häufiger den Krieg wollten als den Frieden, daß sie oft genug und immer wieder alles unternahmen, sich gegenseitig gründlich und endgültig zu vernichten, ist eine Binsenweisheit, mit der sich viele Anhänger der Friedensbewegung (um ein Bild Enzensbergers zu gebrauchen) nicht gerne in den Finger schneiden. Historiker haben kürzlich herausgefunden, daß es in den 3400 Jahren überschaubarer Menschheitsgeschichte nur 243 Jahre ohne einen bekannt gewordenen Krieg gegeben hat.

So ähnlich wußte man das schon vorher. Weiß es die Friedensbewegung? Sie ist eine Glaubensbewegung mit klarem Feindbild. Sie erklärt jenen, denen sie Kriegslust unterstellt, den Krieg. Sie kennt, indem sie für ihre Sache kämpft, nur noch Freunde und Feinde. Die gute Absicht, die über allen Zweifeln steht, befreit sie von Zweifeln an sich selber. Sind nicht unter solchen Prämissen Menschen schon oft in den Krieg gezogen? Und kann man das tun: einen Krieg (Wörterkrieg, Straßenkrieg) für den Frieden führen?

Die Schriftsteller, zumal die deutschen, die sich immer zahlreicher und häufiger für den Frieden engagieren, erfahren nun am eigenen Leib, daß naive Friedensbegeisterung ihren Preis hat. Die verdrängten Zweifel kehren wieder als blanke Aggression, als Verdacht, Mißtrauen, häßlicher Streit. Die »Berliner Begegnung zur Friedensförderung«, die der DDR-Schriftsteller Stephan Hermlin vor eineinhalb Jahren in Ost-Berlin veranstaltete, die sich fortsetzte in ähnlichen Treffen in Den Haag, Köln, Sofia, West-Berlin, begleitet von Resolutionen, Aufrufen, Fernsehdebatten, Zeitungsaufsätzen, Buchpublikationen – was hat sie erreicht, was haben all diese Initiativen gebracht? Wahrscheinlich: Der Widerstand gegen Aufrüstung und Raketenpolitik wurde gestärkt.

Aber das kam doch auch heraus: Haß und Krach. Der westdeutsche Schriftstellerverband (VS) geriet in eine Krise, namhafte Autoren, die Bernt Engelmanns (Vorsitzender des VS) Anbiederungspolitik an stalinistische DDR-Genossen nicht mitmachen wollten, traten unter Protest aus, es folgten Rücktrittsforderungen, Rechthabereien, verrostete, schon fast vergessene Kriegsbeile wurden ausgegraben, Stephan Hermlin mußte sich schwere Vorwürfe gefallen lassen, alte Bitternisse kamen hoch und gerechter Zorn. Kurz: Unter den friedensengagierten Schriftstellern brach ein kleiner Krieg aus, dessen Ursachen und Verzweigungen zu schildern mehr Platz erfordern würde als die Darstellung der guten Vorsätze.

»Ich glaube nicht«, sagte Thomas Brasch bei der »Berliner Begegnung«, »daß eine Friedensbewegung oder ein Gespräch von Schriftstellern in der Lage sind, Politik zu erzwingen.« Er wies auf die vergeblichen Friedenskongresse der Schriftsteller vor dem Zweiten Weltkrieg hin. »Ich habe keinen Krieg erlebt. Ich habe einen Frieden erlebt, und dieser Frieden war schrecklich. Dieser Frieden war kein Zustand, in dem Leute in eine produktive Auseinandersetzung miteinander gekommen sind ...«

Brasch kritisierte damit jenen Frieden, der aus einem heimlichen Krieg aller gegen alle besteht, jenes alltägliche Leben, das von Konkurrenz, Machtgier und Neid beherrscht ist und nicht von Lebenslust und gelassener, heiterer Tätigkeit. Aus solchem Frieden wächst der Krieg. Darüber muß man reden, und man darf nicht so tun, als wäre er eine Naturkatastrophe von außen, eine Flut, gegen die man sich mit hohen Deichen schützen könnte. Der Krieg beginnt in uns selber.

Dies meinte Brasch, als er sagte: »Ich glaube, daß es irgendwann hier zu Ende sein muß mit dem Dummstellen.« Seine Äußerungen empfanden damals viele als Hohn. So hochfahrend die gute Friedensabsicht kritisiert zu sehen, das mochte man nicht. Doch Brasch hatte recht: Viele Schriftsteller stellten und stellen sich dumm. Weniger arrogant gesagt: Dieselben Autoren, die sich in ihren Romanen und Gedichten darum bemühen, etwas herauszufinden über die vieldeutige Natur des Menschen, der ja nicht nur friedliebend, sondern zugleich auch kriegsversessen ist, nicht nur sanftmütig, sondern auch selbstzerstörerisch, dieselben Autoren klingen in ihren Verlautbarungen zum Thema Frieden einfach nur naiv.

In der Textsammlung »Mut zur Angst – Schriftsteller für den Frieden« (Luchterhand Verlag 1982) findet sich ein Aufruf, den Alfred Andersch 1977 gegen die Neutronenbombe geschrieben hat: »Als allerersten Schritt des Widerstandes gegen die Neutronenbombe schlage ich vor, daß von einem Kreis unabhängiger Staatsmänner, Politiker, Juristen und Schriftsteller bei der Europäischen Menschenrechtskommission in Straßburg Anzeige gegen den Präsidenten der Vereinigten Staaten von Amerika wegen geplanten Völkermords, der Planung von Kriegsverbrechen und damit des Verstoßes gegen die Grundlage aller Menschenrechte erstattet wird. Gleichzeitig damit sollte die Mehrheit der in den Vereinten Nationen zusammengeschlossenen Staaten das Verbot erlassen, die Neutronenbombe und alle Waffensysteme, welche Instrumente des Völkermords sind, herzustellen.«

Die Naivität dieser Sätze (und ganz ähnliche finden sich zuhauf in der wachsenden Zahl der Manifeste und Resolutionen) scheint mir unabweisbar. Sie setzen voraus, was evident nicht der Fall ist: daß ein verbaler Willensakt stärker sein könnte als alle reale Angst und Aggressionen. Günter de Bruyn findet, »daß die Machthaber ihre Kriege gefälligst selbst miteinander ausfechten sollen«, und setzt etwas voraus, was wiederum nicht der Fall ist: daß bloß die Machthaber den Krieg und die Untertanen den Frieden wollten.

Nun sind keineswegs alle Schriftsteller so naiv. Peter Härtling schreibt im selben Band: »Anscheinend kann der Mensch den Frieden nicht. (...) Wir denken in Gegnerschaften. Wie anders könnten wir? Also heißt es: den Frieden von Grund auf wollen.« Und Christa Wolf sagt: »Die Rakete, die Bombe sind ja keine Zufallsprodukte dieser Kultur; sie sind folgerichtige Hervorbringungen expansionistischen Verhaltens über Jahrtausende; sie sind vermeidbare Verkörperungen der Industriegesellschaften, die sich mit ihrem Mehr! Schneller! Genauer! Effektiver! alle anderen Werte untergeordnet haben.«

Wenn die Friedensbewegung nicht nur ein Kampf gegen die sogenannte Dislozierung der neuen Feuerwerkskörper sein will, sondern auch ein Kampf um die Herzen der Menschen, dann müßte sie sich über diese Frage öffentlich den Kopf zerbrechen: Ob der Mensch den Frieden nicht kann und weshalb nicht, und was das für eine Kultur ist, die es bis zur Neutronenbombe gebracht hat. Eine solche Diskussion ersetzt nicht den praktischen Widerstand – aber was wäre er ohne sie? Ein Friedenskrieg.

In Peter Sloterdijks zu Recht gerühmter »Kritik der zynischen Vernunft« (Suhrkamp Verlag 1983), einem ausladenden Versuch, den Zynismen unseres Alltags, den Schizophrenien unseres Denkens und Handelns auf die Spur zu kommen, findet sich ein Kapitel, das »Bombenmeditation« heißt. Dort steht:

»Die Atombombe ist der wirkliche Buddha des Westens, eine perfekte, losgelöste, souveräne Apparatur. Unbeweglich ruht sie in ihren Silos, reinste Wirklichkeit und reinste Möglichkeit. Sie ist der Inbegriff der kosmischen Energien und der menschlichen Teilhabe an diesen, höchste Leistung des Menschenwesens und dessen Zerstörerin, Triumph technischer Rationalität und deren Aufhebung ins Para-Noëtische. (...) Unendlich ist ihre Ruhe und ihre Ironie. Ihr ist es gleich, wie sie ihre Mission erfüllt, ob im stummen Abwarten oder als Feuerwolke; für sie zählt der Wechsel der Aggregatzustände nicht. Wie beim Buddha ist alles, was zu sagen wäre, durch ihr bloßes Dasein gesagt. Die Bombe ist keine Spur böser als die Wirklichkeit und um kein Haar destruktiver als wir. Sie ist nur unsere Entfaltung, eine materielle Darstellung unseres Wesens. Sie ist bereits als Vollkommenes verkörpert, während wir im Verhältnis zu ihr noch gespalten sind. Angesichts einer solchen Maschine sind nicht strategische Erwägungen am Platz, sondern ein großes Hinhorchen. Die Bombe fordert von uns weder Kampf noch Resignation, sondern Selbsterfahrung. Wir sind sie.«

An anderer Stelle denkt Sloterdijk über die Entstehung unserer technischen Zivilisation nach. Er findet heraus, daß nur der Kriegswille imstande war, die Natur einer so beispiellosen und gewalttätigen Umwandlung zu unterwerfen, wie zum Beispiel die Hütten- und Schmiedetechnik sie erfordert. In der Metallurgie eröffnet der an Krieg denkende Mensch seinen Großangriff gegen die vorgefundenen Strukturen der Materie. In der Industriezivilisation vollendet sich das Raubherrscherverhältnis der westlichen Kulturen zur Erde.

Was gegen diese Thesen sprechen könnte, sehe ich nicht. Wenn aber Sloterdijk recht hat, wenn wir selber die Bombe sind und nicht die jeweils anderen (»die Politiker«), dann muß die Friedensdiskussion weniger harmlos geführt werden. Dann könnte nämlich der gelegentlich penetrante Glaube an die eigene Gutwilligkeit ins Wanken geraten. Und dann müßte auch über ein provozierendes und sicherlich merkwürdiges Buch diskutiert werden, das der vierunddreißigjährige Münsteraner Philosophieprofessor Ulrich Horstmann geschrieben hat. Es heißt »Das Untier – Konturen einer Philosophie der Menschenflucht« (Medusa Verlag 1983).

Das Untier ist der Mensch: »Seit das Untier existiert, hat es im Krieg gestanden gegen sich selbst und mit Faustkeil und Schwert, mit Armbrust und Gewehr, mit Streitwagen und Raketenwerfern das Unheil, das es den Unbilden der Natur verdankt, immer noch mühelos durch selbstbewirktes zu übertreffen gewußt.«

Die Erkenntnis ist nicht neu, sie ist von einer wahrhaft entsetzlichen Langeweile. Horstmann jedoch, anders als Theoretiker sonst, mildert das Entsetzen nicht reflektorisch ab, sondern macht es zum Angelpunkt seines Buchs. Es will Streitschrift für eine neue Philosophie sein, die nicht den Menschen zu Ende, sondern das Ende des Menschen denkt. Er nennt diese Perspektive »anthropofugal«, den Menschen fliehend. »Gemeint ist damit ein Auf-Distanz-Gehen des Untiers zu sich selbst und seiner Geschichte, ein unparteiisches Zusehen, ein Aussetzen des scheinbar universalen Sympathiegebotes mit der

Gattung, der der Nachdenkende selbst angehört.« Erkenntnistheoretisch mag dieser Ansatz problematisch sein, aber Horstmann zielt nicht auf eine abgesicherte Philosophie, sondern er denkt die Aufhebung der Philosophie durch die Bombe.

Horstmann schärft den bösen Blick auf die Menschheitsgeschichte. So gesehen erscheint als ihr Ziel von allem Anfang an das Ende. »Hinter der Fassade des Friedenswillens und der endlosen Waffenstillstände gibt es eine heimliche Übereinkunft: daß wir ein Ende machen müssen mit uns und unseresgleichen.« In den alten, vorphilosophischen Mythen, im Gilgamesch-Epos oder in der Edda, lebt die prophetische Gewißheit des Weltenendes. Der Mensch weiß, daß es mit ihm keine Dauer haben kann, eine Erkenntnis, die ihm im Verlauf der christlich-abendländischen Geschichte verlorengegangen ist.

Der neuerdings entdeckte Philosoph E. M. Cioran, einer von Horstmanns Kronzeugen, sagt: »Indem die Natur den Menschen zuließ, hat sie viel mehr als einen Rechenfehler begangen: ein Attentat auf sich selbst« (»Vom Nachteil, geboren zu sein«, Suhrkamp Verlag 1979). Horstmann dekliniert diese Erkenntnis durch die Philosophiegeschichte hindurch, stützt sich auf Machiavelli, Montaigne, Voltaire, Schopenhauer, Eduard von Hartmann, Klages, Foucault und kommt zu dem Schluß: Wir sollen den atomaren Holocaust nicht fürchten, sondern begrüßen, weil er uns endlich erlöst.

Ganz schön katastrophal und ein bißchen verliebt in den Untergang. Ich lese Horstmanns mit wildem Pathos geschriebenes Buch als eine um 180 Grad gedrehte Utopie: Weil, wie Hegel sagt, die Perioden des Glücks in der Weltgeschichte »die leeren Blätter in ihr sind«, wendet Horstmann die enttäuschte Sehnsucht in eine katastrophale Philosophie. Er sucht sein Heil im Unheil.

Ich fürchte jedoch, daß Kategorien wie Glück und Unglück oder Gut und Böse auf die Geschichte gar nicht anwendbar sind, daß es also noch viel schlimmer kommt, als Horstmann denkt. Denn: »Die Geschichtenerzähler machen weiter, die Autoindustrie macht weiter, die Arbeiter machen weiter, die Regierungen machen weiter, die Rock 'n' Roll-Sänger machen weiter, die Preise machen weiter, das Papier macht weiter, die

Tiere und Bäume machen weiter, der Mond geht auf, die Sonne geht auf ...« So schreibt Rolf-Dieter Brinkmann im Vorwort zu seinem Gedichtband »Westwärts 1 & 2«. Das End' ist nah. Aber alles geht weiter.

Ich weiß, es geht der Friedensbewegung nicht um Philosophie, sondern um die Raketen. Die Aufstellung dieser kollektiven Selbstmordmaschinen muß, wenn es geht, verhindert werden. Ich denke nur: Die »Philosophie«, das Nachdenken darüber, daß wir die Bombe sind, gehört dazu. Das ist nicht bloß Sache der Friedensforscher. Andernfalls begeht die Friedensbewegung dieselben Fehler wie ihre Gegner. So dumm wie die Gesichter auf dem Williamsburger Gruppenbild mit Dame darf sie nicht sein. Der anthropofugale Blick Ulrich Horstmanns oder die pessimistische Weisheit eines Cioran könnten uns helfen, jenen Prozeß der Selbsterfahrung zu beginnen, ohne den das Friedensengagement hilflos, folgenlos bleiben wird.

In seinen »Syllogismen der Bitterkeit« (Suhrkamp Verlag 1980) schreibt Cioran: »Ist das Experiment Mensch mißglückt? Es war schon seit Adam fehlgeschlagen. Eine Frage erscheint indessen berechtigt: Werden wir genug Erfindungsgabe haben, um als Neuerer Figur zu machen, um einer solchen Niederlage noch etwas hinzuzufügen? – Inzwischen laßt uns beharren in dem Fehler, Mensch zu sein, laßt uns auftreten als Spaßvögel des Sündenfalls, laßt uns fürchterlich leichten Sinnes sein!«

17. Juni 1983

Apocalypse now
Über Endzeitstimmungen

Der Rabe Ralf ruft schaurig: »Kra!
Das End ist da! Das End ist da!«
Christian Morgenstern, Der Zwölf-Elf

Sind sie nicht wunderbar, diese Amerikaner? Sie schicken uns die Pershing und »The Day After«, die Bombe und gleichzeitig die Gebrauchsanweisung. Während in Mutlangen und anderswo stationiert wird, startet der deutsche Filmverleih Tobis den von der amerikanischen Fernsehgesellschaft ABC produzierten Film mit fünfzig Kopien. »The Day After« (Der Tag danach) führt uns vor Augen, was passiert, wenn die Pershing startet und ihre sowjetischen Brüder aus den Luken lockt. Alle werden den Film sehen, und keiner kann sagen, er habe nichts gewußt.

Ja, sie sind wunderbar, diese Amerikaner, und fair obendrein. Sie bauen die Bombe und zeigen, wie sie funktioniert. Die Bombe ist schön. Der Film ist spannend. Mehr kann man wirklich nicht wollen. »Der Tag danach« zeigt uns etwas, was die meisten von uns am Tag danach nicht mehr werden sehen können. Insofern ist er wirklicher als die Wirklichkeit. Und er ist ein imponierendes Dokument unser aller Zivilisation. Denn es ist ja dieselbe Intelligenz, die es vermag, sich die Bombe auszudenken, und zugleich über das Unausdenkbare mit allen technischen Finessen einen Film herzustellen. Das eine wie das andere ist wahrhaft eine Spitzenleistung, ein Endprodukt der Menschheitsgeschichte. Wieviel Mühe war notwendig, wieviel Forscherfleiß, bis wir an diesem Punkt waren. Jetzt sind wir da.

Ein schöner Sommertag in der kleinen Stadt Lawrence im Staat Kansas, mitten in Amerika. Die Jungen spielen Football, eine Frau bereitet sich auf ihre Hochzeit vor, der Chefarzt (Jason Robards) operiert in der Klinik, ein junger Mann holt mit dem Motorrad seine Freundin ab, Pferde grasen auf der Weide im schönen Staat Kansas. Ein Tag wie jeder andere. Der Nachrichtensprecher im Fernsehen berichtet von einer neuen Berlin-Krise, irgendwelche Truppen sind einmarschiert, aber Berlin ist weit, das Leben in Lawrence geht weiter, kaum einer hört richtig hin.

Aber plötzlich ist alles ganz anders. Sowjetische Flugzeuge haben Würzburg angegriffen, der Präsident befiehlt die Mobilmachung, die Lage spitzt sich bedrohlich zu, keiner weiß weshalb, der schwarze Offizier schlüpft in seine Uniform, packt seine Sachen, verabschiedet sich von seiner weinenden Frau, er fährt ins Quartier, Hektik überall, Panik-Käufe im Supermarkt, Chaos auf den Straßen, die Soldaten machen die Raketen startklar.

Und während die Menschen ratlos hin und her rennen, zittert der Boden, und am Horizont steigen strahlend die Raketen auf. Die Menschen stehen starr und sehen die leuchtenden Schweife, schön wie in einer Silvesternacht. Dann ist alles still. Der schwarze Offizier ist der erste, der es begreift: »Der Krieg ist vorbei!« In der Tat: In dreißig Minuten wird die sowjetische Antwort da sein.

Was der Film nun zeigt, ist beklemmend: die Angst, die Panik, das pure Entsetzen. Und dann gibt es drei blendende Blitze über Kansas City, und das Kino-Inferno geht los. Feuerstürme toben über die Leinwand, Häuser fliegen durch die Luft, Menschen verglühen wie Sternschnuppen. Gut gemacht. Nicht gut der Tag danach. Trümmer, Ruinen, verletzte, verstrahlte Menschen, Tote überall. Das kennen wir aus den Katastrophen-, den Horror-, den Science-fiction-Filmen viel besser.

Und weil es in diesem Film des relativ unbekannten Regisseurs Nicholas Meyer keine Identifikationsfigur gibt, deren Schicksal zu unserem eigenen würde, weil Meyer umständlich ein breites, etwas konfuses Ensemble einzelner Menschen zeigt, ist der Schrecken, der uns dennoch ergreift, nicht Folge des Films und seiner Qualität, sondern lediglich Folge unserer Angst vor der Pershing. Am Ende wankt Jason Robards grau und mit kahlem Schädel durch die Ruinen, und das sieht ein bißchen aus wie nach dem Show-down eines Western.

Unzweifelhaft und unausweichlich hat der Film verharmlosenden Charakter. Absichtlich läßt er den Hergang der Katastrophe offen, liefert keinen politischen Zusammenhang, keine Begründung und bleibt folglich ganz an der Oberfläche. Am Tag danach geht es den Menschen in Kansas zwar ziemlich schlecht, aber immerhin geht es ihnen noch. Die atomare Katastrophe schrumpft in diesem Film aufs Fernsehformat. Und dennoch macht er den Zuschauer betroffen. In Bonn, während einer improvisierten Vorführung im Haus der SPD, wo die Projektion miserabel war und sechs- oder siebenmal die Rollen gewechselt werden mußten, wich die anfängliche Unruhe im überfüllten Saal einer gespenstischen, bedrückenden Stille.

»Da ward ein großes Erdbeben, und die Sonne ward finster wie ein schwarzer Sack, und der Mond ward wie Blut, und die Sterne des Himmels fielen auf die Erde, gleichwie ein Feigenbaum seine Feigen abwirft, wenn er von großem Winde bewegt wird. Und der Himmel entwich, wie ein Buch zusammengerollt wird, und alle Berge und Inseln wurden bewegt von ihrer Stätte.« (Offenbarung des Johannes.)

Die Apokalypse lebt. Was die Uhr wirklich zeigt, weiß niemand. Aber die vorerst letzte Stimmung im Westen zeigt nicht mehr (wie damals auf dem Kirchentag in Hamburg, wie in den Friedensdiskussionen vor der Stationierung) auf drei Minuten vor zwölf. Sie zeigt auf drei Minuten nach zwölf. Die Angst vor der Katastrophe treibt einem neuen Höhepunkt entgegen. Die »Evangelische Akademie Hofgeismar« kündigt eine Tagung mit dem Titel an: »Freizeit in der Endzeit«. Nach der Morgenandacht gibt es das Referat »Treffpunkt Friedensmeditation – Ansatzpunkte für apokalyptische Ängste und Hoffnungen«, außerdem »meditative Tänze« mit Dr. med. Hannelore Eibach. Ein theologischer Beitrag lautet: »Apokalyptisches Erbe – apokalyptische Gegenwart«. Die Tagung endet laut Programm mit dem Mittagessen. Wir wünschen gesegnete Mahlzeit.

Der Tag danach sitzt schon längst in den Hirnen der Militärstrategen und Katastrophenschützer. Sie planen das Chaos. Neuerdings aber häufen sich die Bilder vom atomaren Desaster auch in den Köpfen von Schriftstellern. Endzeit-Bücher stapeln sich in den Buchhandlungen. In dem Roman des Schriftstellers Udo Rabsch »Julius oder Der Schwarze Sommer« (Konkursbuch-Verlag) heißt es: »Er hatte sich jahrelang auf das Weltende vorbereitet. Seine Privatlektüre über den Weltuntergang füllte ein ganzes Ikea-Regal.« So ist der Held auch nicht sonderlich überrascht, als eine Atombombe auf Stuttgart fällt:

»Er wußte, daß es endlich geschehen war. Alles war gut. Einen Augenblick länger, und er wäre verrückt geworden. Sein Gehirn wäre geplatzt vom Sog der Vorahnung. Daß etwas derartiges geschehen sollte, aber auf sich warten ließ. Jetzt geschah es und erfüllte ihn mit einer gewissen Zufriedenheit, ja Zufriedenheit. Er betrachtete die schwarzen Strünke. Eben waren noch Laubteppiche dagewesen, dichtes spätsommerliches Grün. Es zitterte und knackte noch, dann war wie auf Kommando Stille. Der Staub rieselte.«

Auch Matthias Horx macht sich in seinem Roman »Es geht voran« (Rotbuch Verlag) den dramaturgischen Vorteil zunutze, die Endzeit im Sommer beginnen zu lassen. Es ist der Sommer des Jahres 1989, das Gesellschaftssystem der Bundesrepublik treibt seiner Auflösung entgegen, Krieg droht. In den Städten herrschen amerikanische Verhältnisse. Marodierende Banden jugendlicher Outlaws ziehen durch die Straßen, Öko-Freaks bilden alternative Gettos. Die Ordnungskräfte, geschwächt durch Insubordination, werden der Lage nicht mehr Herr.

Des baldigen Zusammenbruchs sicher plant die alternative »Organisation Phoenix« das Überleben und schickt eine ausgebildete Öko-Elite in weithin verstreute Bunker. Dort überwintern jene, die das Leben danach planen. Dieses Leben wird hart. Zurückgeworfen auf die Anfänge der Zivilisation, geplagt von Hunger, Krankheit und Strahlenschäden fristen die Überlebenden ein kärgliches Dasein, dessen einziger Trost ist, daß hinfort alles anders werden könnte.

Das Weltende ist so wenig darstellbar wie der Tod. Das reine Nichts kann sich niemand vorstellen. Wer den Untergang beschreibt, denkt etwas über ihn hinaus. »The Day After« zeigt das Leben danach, ein Leben in Ruinen. Julius, der Held in dem Roman von Udo Rabsch, wandert durch eine Welt aus Asche. »Schon wieder benahm er sich wie ein Unsterblicher, freute sich am Spaziergang und schlenkerte mit den Armen.« Schließlich erhebt er sich mit einem Segelflugzeug in die Lüfte und fliegt über das zerstörte Land hinweg, wo sich plündernde Horden gegenseitig beschießen. Das Leben geht weiter wie gehabt. Die Katastrophe bringt die ersehnte und logische Stunde Null, nach der ein neuer Anfang möglich wäre. Aber der neue Anfang führt bald wieder in die alten Konflikte. Der Mensch ändert sich nicht.

Am Ende seines zweiten Romans »Glückliche Reise« (Rotbuch Verlag) schildert Matthias Horz, wie zwanzig Jahre danach die Menschen erneut gegeneinander kämpfen. Aufgeklärte Technokraten setzen wieder auf den hochtechnologischen Fortschritt, bauen wieder Computer und Raketen. Jonathan, der Held der Geschichte, zündet eine aus dem vergangenen Krieg übriggebliebene Atombombe, um das Nest des neuen Unheils präventiv zu vernichten.

In dem Roman von Udo Rabsch formuliert der Arzt, der in einer Lazarett-Kirche die verstrahlten Menschen mit Morphium in einen sanften Tod schickt, seine pessimistische Philosophie: »Daß der Mensch zur Niederlage geboren sei, daß er sich in ein Gemetzel gegen sich selbst werfe, das sei unabänderlich, aber auf die Klarheit komme es an, daß er es wisse und daß er sich nicht davon abhalte, jeden Rückschritt und jeden Verlust genau zu studieren.«

Wir leben offenbar in einer Zeit der schwarzen Utopien. Gestorben scheinen die Hoffnungen auf ein Glück hienieden. »Wir alle haben an einer Kulturform mitgewirkt, die dabei ist, sich selber ein Ende zu setzen. Wir alle waren geblendet von den hochtechnologischen Möglichkeiten des Industriesystems und haben nicht gemerkt, daß das Anwachsen des Selbstvernichtungspotentials die innere Konsequenz, ein unvermeidbarer Teil jenes Prozesses ist, in dem wir uns über die natürliche Existenz hinwegzusetzen glaubten. Wir haben eine Mauer aus funktionaler ›Intelligenz‹ zwischen uns und unsere Existenzgrundlagen gebracht, und wir sind dem Wahn erlegen, das Glück sei produzierbar jenseits der natürlichen Kreisläufe. Wir verdrängten den Tod. Und jetzt tritt er millionenfach aus unserer Mitte hervor ...« So zitiert Matthias Horx aus einer fiktiven Schrift »Metanoia« in seinem Roman »Glückliche Reise«.

Metanoia heißt: Umkehr, Buße. Das ist ein religiöser Begriff. Im Mittelalter zogen die Flagellanten durch die Straßen und geißelten sich selber bis aufs Blut. Sie sagten das Weltende voraus, und eine Massenhysterie ergriff die Menschen. Ihre Atombombe war die Pest. Zwischen 1348 und 1352 fielen in Europa 25 Millionen Menschen dem »Schwarzen Tod« zum Opfer.

Wo ist der Unterschied? Objektiv mag die Gefahr des atomaren Untergangs größer sein. Aber wer die Pest als Fingerzeig Gottes und als Vorboten des Endes begriff, für den gab es damals nicht mehr Hoffnung als es sie heute für jene gibt, die davon überzeugt sind, eine Tages würden die Atomwaffen ihrem immanenten Zweck zugeführt.

Insofern sagen Filme wie »The Day After« oder Romane wie die von Rabsch und Horx nichts über die wirkliche Bedrohung aus. Die neue Lust an der Apokalypse bezeugt nur, daß wir eine jener kollektiven Gefühlsdepressionen durchleben, die es in der Geschichte oft gegeben hat. Sie werden in der Regel von religiösen Endzeit-Erwartungen und Aufrufen zu Buße und Umkehr begleitet. In der Tat hat die Friedensbewegung parareligiösen Charakter. Die neuen Hunger-Rituale sind eine Renaissance des Geißlertums.

»Die Sonne erlischt,
Das Land sinkt ins Meer.
Vom Himmel stürzen
Die heitern Sterne.

Rauch und Feuer
Rasen umher.
Hohe Hitze
Steigt himmelan.«
(Edda)

Sooft auch das Ende der Menschheit von ihr selber prophezeit und prophylaktisch durchlitten wurde, es ging ja doch immer weiter. Das ist kein Trost. Denn die Vogelperspektive ist im atomaren Zeitalter nicht einmal den Vögeln mehr verstattet. Sie funktioniert nur in der Fiktion. Julius steigt auf den zerstörten Turm seiner Pfarrkirche und blickt auf das Elend hinab. Jonathan baut sich einen Heißluftballon und schwebt über der verstrahlten Erde. Ein Freund erzählte mir kürzlich, er wisse in den Anden eine Hochebene, wo man den Atomkrieg überleben könne. Dort wolle er nächstens hin, um den Weltuntergang von oben zu betrachten.

All das sind apokalyptische Metaphern und Denkmuster. Dazu gehört erstens die Prophetie des Untergangs, zweitens die Ambivalenz von Schrecken und Lust, drittens der Ausblick vom Turm, über den Augenblick des Endes hinaus in eine andere Zukunft. Auch in der Apokalypse ist das Ende nicht das Ende. Wer sich zu ihrem Propheten macht, hat den Turm schon bestiegen. Die schwarzen Utopien sind eine Form des Eskapismus, zeitgemäß verdüstert. Sie ersehnen den Untergang und wollen ihn zugleich bannen.

Niemand weiß, wem die grassierende Angst nutzt, dem Frieden oder dem Krieg. Jedenfalls nutzt sie der Fernsehgesellschaft ABC. Siebzig Millionen Amerikaner sahen den Film »The Day After«. In diesen Wochen planen die amerikanischen Firmen ihre Werbe-Etats für das nächste Jahr. Je höher die Einschaltquote, desto begehrter und teurer die Werbespots. ABC ist der Gewinner von »The Day After«. Wer der Verlierer ist, das ist einstweilen unklar. Amerikanische Regierungskreise begrüßten den Film und erklärten, er bestätige ihre Rüstungspolitik. Die amerikanische Friedensbewegung bedankte sich für die kostenlose Werbung.

Mag sein, daß der Film die Einsicht fördert, es könne so nicht weitergehen. Denkbar ist auch das Gegenteil. Zwar kennen wir alle die Bilder von Hiroshima, zwar gibt es Filme wie »Malevil« und »War Games«, Endzeit-Prognosen sind keine neue Erscheinung. Aber in der gegenwärtigen Friedensdebatte gab es bislang eine Art Bilderverbot, wie es monotheistische Religionen kennen: Der Gott, Inbegriff aller Gewalt, kann nicht abgebildet werden. Der öffentliche Widerstand gegen die Bombe lebte auch davon, daß der atomare Angriff nicht gedacht, nicht geplant, nicht vorgestellt werden dürfe. Er sollte unausdenkbar bleiben, ein Numinosum des Schreckens.

Der Film »The Day After« bricht massenwirksam dieses unausgesprochene Tabu. Er macht als Fiktion das Unmögliche möglich. So kann es also passieren, daß sich nach dem ersten Schock, den der Film auslöst, Lethargie breitmacht. Die Bombe erscheint dann als unabwendbares Schicksal, als die Pest unserer Tage. Aber die Bombe ist nicht die Pest. Gegen diese konnte sich seinerzeit niemand wehren. Jene ist Produkt menschlichen Willens und menschlicher Entscheidung.

Unser Dilemma besteht allerdings darin, wie der französische Ethnologe Georges Devereux schreibt, »daß es genau das panikbewirkende Vorhandensein der Atombombe ist, das die Entwicklung psychologischer und gesellschaftlicher Mittel und Wege behindert, mit denen sich die Menschen, die sie bauen und betätigen, harmlos machen ließen, womit auch die Bombe harmlos würde«. (Aus: »Der gläserne Zaun«, Aufsätze zu Hans Peter Duerrs »Traumzeit«, Syndikat Verlag.) Das heißt: Die Bombe, deren Ziel Abschreckung ist, erzeugt jene Angst, die es verhindert, die Bombe zu beseitigen. Erzeugte die Bombe aber keine Abschreckung, also keine Angst, dann bekäme der Rabe Ralf wahrscheinlich recht.

2. Dezember 1983

Die Stunde der wahren Empfindung
Über Tschernobyl

Nicht Ruhe ist die erste Bürgerpflicht, sondern Galgenhumor. Er ist die letzte Tugend, die uns in diesen Tagen blieb. Andere Tugenden hatte es ja gegeben: rationale Diskussion, zivilen Ungehorsam, friedfertigen Widerstand. Es war eine schöne, eine ernste Zeit. Jetzt begann die Zeit des Lachens. Was haben wir gelacht, als neulich einer »Béchamel« statt »Becquerel« sagte! Es war zu komisch.

Ein anzunehmender Unfall ist einer, von dem man annehmen kann, daß er irgendwann geschieht. Nun aber hatte sich ein Unfall ereignet, der größer war, als man annehmen konnte. Worauf einige ganz kühl und logisch wie Palmström reagierten: »Eingehüllt in feuchte Tücher, prüft er die Gesetzesbücher ... Und er kommt zu dem Ergebnis: nur ein Traum war das Erlebnis. Weil, so schließt er messerscharf, nicht sein *kann,* was nicht sein *darf.*«

Palmström war der Mann der Stunde. Wir fragten ihn, den Experten. Eingehüllt in feuchte Tücher antwortete er: Angenommen, es wäre passiert, was nicht anzunehmen ist, daß es passiert sei, dann verhüllt euer Haupt, kehrt nach Hause zurück, zieht eure Schuhe aus und begeht die heiligen Waschungen. Da aber nicht passiert ist, was ihr annehmt, daß passiert sei, so sage ich euch: Wascht euch trotzdem. Also antworteten die Palmströms unter den Experten, und sie verhüllten ihr Haupt wie die Schamanen.

Wir aber freuten uns und schmunzelten. Was gab es Einfacheres? Wuschen wir uns nicht ohnedies andauernd? Eingehüllt in feuchte Tücher saßen wir zu Hause, schlugen im Lexikon nach, was »Blattgemüse« sei, und lernten die Namen der neuen Eisheiligen, Sankt Cäsium, Sankt Strontium und Sankt Plutonium. Später besuchten wir Freunde. An der Tür streiften wir die

Schuhe ab und gesellten uns zu dem munteren Kreis, wo man gerade dabei war, sich Millirem an den Kopf zu werfen und die Halbwertzeit des Nachbarn zu erraten. Der Galgen war groß und weit entfernt und schwer zu erkennen, aber Humor hatten wir trotzdem, weiß Gott. Wir dachten manchmal an ihn, aber er war weit entfernt und schwer zu erkennen.

Und dann entdeckten wir in dieser Stunde der wahren Empfindung den Dichter der Zukunft. Nicht Kafka, nicht Beckett war es, sondern Christian Morgenstern. Einer griff zu den »Galgenliedern« und las uns vor: »Die Galgenpoesie ist die skrupellose Freiheit des Ausgeschalteten, Entmaterialisierten.« Das war so recht nach unserem Geschmack. Noch mehr aber das Motto: »Laß die Moleküle rasen, was sie auch zusammenknobeln! Laß das Tüfteln, laß das Hobeln, heilig halte die Ekstasen!« Das ließen wir uns nicht zweimal sagen. Schnell nahm jeder noch ein Becquerel zu sich, und dann sangen wir gemeinsam das Galgenlied:

Blödem Volke unverständlich
treiben wir des Lebens Spiel.
Gerade das, was unabwendlich,
fruchtet unserm Spott als Ziel.

Magst es Kinder-Rache nennen
an des Daseins tiefem Ernst;
wirst das Leben besser kennen,
wenn du uns verstehen lernst.

Humor, so hatten wir gelernt, ist, wenn man trotzdem lacht. Galgenhumor ist, das begriffen wir nun, wenn man deswegen lacht. Wir wollen ja die früheren Zeiten nicht schlecht machen. Aber waren wir nicht allzuoft verkrampft vor lauter edlen Absichten, vor freudloser Kritik und Unzufriedenheit mit den Dingen? Jetzt endlich war die Zeit des Galgenhumors gekommen. Und wir lachten, daß es eine Schande war.

16. Mai 1986

IV. Rechts und Links

Überschwang der Erbitterung

Über die Linken

Franz Josef Strauß, so bemerkte kürzlich ein Leser in der *tageszeitung (taz),* sei die einzige Integrationsfigur der Linken. Das war ironisch gemeint, aber traurigerweise trifft es zu. Nachdem der Marsch durch die Institutionen zum Marsch in die Resignation geworden ist und Fraktionskämpfe einerseits, Privatismus andererseits die Szene beherrschen, bildet Strauß den Fluchtpunkt, auf den sich die zerrissene bundesdeutsche Linke ausrichtet, noch einmal die abgenutzten Kräfte sammelnd.

Er eignet sich wie kein anderer dafür. Seit er Kanzlerkandidat ist, verhält sich Strauß genau so, wie es die Linke von ihm erwartet. Und die Linke reagiert genau so, wie es Strauß von ihr erwartet. Er und seine Gesinnungsgenossen liefern jene diffamierenden Sentenzen, auf die man von links mit diffamierenden Sentenzen entgegnen kann.

Das Spiel erinnert an einen kleinbürgerlichen Ehekrieg in seinem Endstadium. Das Mittelmaß der einen Seite provoziert das Mittelmaß der anderen. Bernt Engelmann kann sich damit brüsten, von Strauß verfolgt zu werden, und Strauß, der sich ewig nicht entscheiden kann, ob er lieber Mäzen oder lieber Kammerjäger sein will, darf sich als Opfer der Künstler und Intellektuellen fühlen.

Und der dumme Slogan »Freiheit statt Sozialismus«, mit dem die Union den letzten Bundestagswahlkampf verlor, findet sein konterkarierendes Pendant in der kaum intelligenteren Kampagne »Freiheit statt Strauß«. Als ob ein Wahlsieg von Strauß das Ende von Freiheit und einer von Schmidt die Garantie von Freiheit notwendig bedeuten müsse. Die Dämonisierung von Strauß, die ihm eigentlich gefallen sollte, weil sie ihn wichtiger und gewichtiger macht, als er in Wahrheit ist, entspricht einer Verlegenheit der Linken. Auffällig seit geraumer Zeit ist ja, daß sie nur noch reagiert. Wie gelähmt starrt sie auf den Gegner, offenbar außerstande zu anderen Perspektiven, neuen Entwürfen.

In Coney Island, dicht neben dem von Scherben und Abfällen übersäten Strand, steht eine Schießbude, in der allerlei Tiere, Fabelwesen sowie ein im Hintergrund sitzender Pianist verstaubt vor sich hindämmern. Trifft man mit dem Gewehr auf die jeweilige Zielscheibe, so setzt sich ein Mechanismus in Gang, der Pianist fängt an, auf die Tasten zu schlagen, und die Tiere bewegen sich. Dannach fällt alles wieder tot in sich zusammen.

Gäbe es Strauß nicht, was täte die Linke? Täuscht nicht die halbwegs gemeinsame Front gegen diesen liebsten Feind darüber hinweg, daß es »die Linke« schon lange nicht mehr gibt? Die K-Gruppen und die DKP sind bis zur Bedeutungslosigkeit geschrumpft. (Der gerade eben gespaltene KBW ist ein neuer Beweis.) Die klassische, aufklärerisch-intellektuelle Linke fristet an den Schulen und Hochschulen und in den Medien ein fragmentarisches Dasein, und ihr Einfluß, wenn er denn je erheblich war, schwindet mehr und mehr. Die Schüler und Studenten entziehen sich, nicht zuletzt aus naturwüchsiger Opposition, linken Bevormundungen und zeigen sich demonstrativ unpolitisch, oder sie neigen rechten Ideologien zu, die allemal exotischer und aufregender scheinen als eine Marx-Exegese etwa.

Schließlich die Sponti-Szene und die Alternativbewegung – kann man sie noch links nennen? Besonders in ihren grünen Varianten bildet diese »zweite Kultur« einen neuen Konservatismus aus, der die Gräben zwischen den Fraktionen noch vertieft. Und jene neuerdings in Bremen oder Hamburg hervorgebrochene Radikalität jugendlicher Gruppen ist doch keineswegs im strengen Sinn politisch motiviert, sie entspringt vielmehr, ähnlich wie die Züricher Unruhen, einer allgemeinen, anarchistischen Wut.

Wie schillernd und chaotisch die sogenannte »Scene« inzwischen geworden ist, darauf weist Hadayatullah Hübsch in seinem eben erschienenen Buch »Alternative Öffentlichkeit« hin: »Es gibt nämlich die *taz*-Szene und die Teestuben-Szene, die Musik-Szene und die Meditations-Szene, die Politbuchladen-Szene und die verschiedenen K-Szenen. Es gibt die grüne Szene in allen Farbschattierungen und die Sponti-Szene (...) Daß es die Disco- und die Drogen-Szene gibt, die Galerie-Szene und die Kneipen-Szene, die Stadtzeitungs-Szene und die Kino-Szene und all die Szenen, die in den WGs und an den Mensa-Tischen, in Hamburger-Stuben und auf den Spielwiesen deutscher Städte sich so abspielen, das versteht sich inzwischen von selbst.«

Aber die Linke? »Wir Linken sind in diesem Land eben nicht nur zerrissen, sondern auch in der Defensive«, sagt Wolf Biermann im Textbuch zu seiner neuen Langspielplatte »Eins in die Fresse, mein Herzblatt«. Trauer und Wut beherrschen seine Lieder. Und wieder ist es Strauß, der den Haß auf sich zieht. Biermann singt von der »feisten Fratze« und vom »Nakkenspeck«, obwohl doch Strauß, der für vieles etwas kann, für sein Äußeres am wenigsten kann, und obwohl es zu den Grundregeln der Menschlichkeit gehört, andere nicht für ihr Aussehen büßen zu lassen. Übrigens war ja auch Marx nicht gerade schlank.

Daß sogar ein Wolf Biermann sich in diesem, wie er es selber nennt, »tagespolitischen Dreck der Epoche« verliert, zeigt etwas von der jüngsten Stimmung im Westen. Sie ist die Kehrseite der Trauer. Trauer über Rudi Dutschke etwa, dessen Tod Wolf Biermann in einem großen, ergreifenden Klagelied besingt. Schweigend verharrten die zwei- oder dreitausend Zuhörer im Audimax der Berliner FU, wo das Konzert stattfand. Als Biermann den Totengesang mit leisen Gitarrentönen endete, dachte ich daran, daß viele der Achtundsechziger nicht mehr leben. Hans-Jürgen Krahl, der verunglückte; Bernward Vesper, der sich umbrachte; Ulrike Meinhof und die anderen, die ihren Weg in den Wahnsinn gingen. Und dann alle die, die ihre Hoffnungen, Träume, Illusionen, Phantastereien auch, drangaben und Karriere machten.

Vielleicht hat es so kommen müssen. Die achtundsechziger

Bewegung war ein Aufbruch zu neuen Ufern. Auf einmal konnte man alles in Frage stellen, die Erziehung, die Wissenschaft, das Familienleben, den Staat, die Gesellschaftsordnung insgesamt, und dieses Erlebnis war ein Rausch von Freiheit und Möglichkeit. Emanzipation, durchaus im Kantschen Sinn verstanden als Ausgang aus selbstverschuldeter Unmündigkeit, war mehr als nur Parole, sie wurde Programm. Das sich immer mehr verbreitende Gefühl, nichts davon habe sich verwirklicht, trifft ja doch nicht zu. Das Verhältnis der Geschlechter zueinander ist anders als vorher, Sexualität ist nicht länger ein Tabu, sondern Teil der persönlichen Freiheit, Erziehung ist nicht mehr ausschließlich eine Form von Herrschaft – das sind Beispiele für immer (und zunehmend) bedrohte, aber eben doch vorhandene Fortschritte. Und wer sich heute gegen Bevormundungen zur Wehr setzt, der steht nicht mehr allein, sondern er hat Beispiele und Vorbilder zur Verfügung. Natürlich, gemessen an den großen Utopien sind das kleine Errungenschaften. Aber haben Utopien je anders gewirkt?

»Und jedem Anfang wohnt ein Zauber inne«, schrieb der damals vielgelesene Hermann Hesse. Mit dem Anfang schwand der Zauber. »Daß die Bewegung unfähig und verschlissen war und aus subjektiven Gründen die große Kurve des Leninismus gekratzt hat, und zwar total«, hat Daniel Cohn-Bendit viele Jahre später festgestellt. Er meinte damit die französische Linke nach dem Pariser Mai, aber auf die deutsche trifft das ebenfalls zu. Insofern nämlich, als die Bewegung, die spontaneïstisch und voluntaristisch begann, in Organisationen und Institutionen sich verhakte. Es begann die Zeit der Kader und Fraktionen, und der Ideenvorrat verbrauchte sich in Tagesordnungsdebatten.

Es gab aber auch objektive Gründe für diesen Niedergang. Sie hängen zusammen mit der Wachstumskrise der westlichen Industriegesellschaften. Etwa mit dem Veralten einer Theorie, wie sie Herbert Marcuse in »Eros und Kultur« (1955) formuliert hatte. In den technisch entwickelten Gebieten, so Marcuse, sei die Unterwerfung der Natur fast vollständig gelungen, deshalb sei das Maß an Triebverzicht, das die Gesellschaft uns auferlege, nicht länger mehr notwendig. Die Hoffnung, der gesellschaftliche Überfluß ermögliche die Verabschiedung des Reiches der Notwendigkeit und den Eintritt in das Reich der Freiheit, ist auch deshalb zuschanden geworden, weil wir die Kosten des Überflusses nun kennen. Die Humanisierung der Arbeitsplätze zu fordern, klingt naiv, wenn es zuallererst um ihre Erhaltung geht. Und wer mag noch, wie damals, von Konsumterror reden, wenn der Konsum insgesamt, etwa infolge der Energieverknappung, in Frage steht?

In dem Augenblick, in dem der Staat die Kosten des Überflusses zu verteilen gezwungen ist, gerät er unter Legitimierungsdruck und ist infolgedessen doppelt empfindlich gegen jene, die seine Legitimation anzweifeln. Die Linke jedoch, anstatt nach Alternativen außerhalb der Institutionen Ausschau zu halten, biß sich in den Auseinandersetzungen mit der staatlichen Administration fest. Sie fixierte sich, nicht nur innen, sondern auch nach außen, auf ein institutionalistisches Denken.

Das deutlichste Beispiel gab der Radikalenerlaß. Daß man gegen ihn kämpfte, weil er eine in der Bundesrepublik noch nicht dagewesene Beschneidung der Meinungsfreiheit bedeutete, war folgerichtig. Merkwürdig jedoch, daß sich für die Linken nach und nach die Perspektive dieses Kampfes darauf reduzierte, in den Dienst jenes Staates eingestellt zu werden, den sie im Grunde ihres Herzens verachteten. Ähnliches gilt für jene zahlreichen freien Mitarbeiter der Rundfunkanstalten, die sich erfolgreich in unkündbare Stellungen hineinklagten. Die guten Gründe, mit denen man auf die Bedrohung der Meinungsfreiheit hinwies, klangen schon nicht mehr so gut, als es immer mehr danach aussah, es gehe den Linken vor allem um die Rettung ihrer Pfründe.

Aus dem Prinzip Hoffnung, unter dem sie angetreten waren, wurde das Prinzip Besitzstandwahrung. An denjenigen, die den Marsch durch die Institutionen (wahrscheinlich einer der größten Irrtümer der Linken) absolviert hatten, konnte man bald erkennen, wer mächtiger war, der Marsch oder die Institution. Ob ein rechter oder ein linker Oberstudienrat die Zeugnisse schreibt, macht für die Schüler letzten Endes nur geringen Unterschied, und für die faire Behandlung von Sendemanuskripten ist es unerheblich, ob der Abteilungsleiter den rechten oder den linken Karriereweg hinter sich hat.

Die Fixierung der Linken auf die Institutionen wurde jüngst wieder bei der Krise des NDR erkennbar. Angstvoll beschwor man die Öffentlichkeit, den Sender unangetastet zu lassen. Niemand schien sich fragen zu wollen, ob das Programm vielleicht wirklich schlecht, zumindest verbesserungsbedürftig sei, niemand schien, als das Stichwort »Privatfernsehen« Schrekken verbreitend umlief, an das Beispiel Italien zu denken, wo es linke Privatsender in Mengen gibt. Erst »Radio Freies Wendland« zeigte, was möglich wäre. Sicher, die politischen und rechtlichen Voraussetzungen sind noch nicht da, aber man könnte sich ja für eine Veränderung einsetzen. Etwas verändern aber, und natürlich zu ihren Gunsten, wollten nur Albrecht und Stoltenberg. Diese Phantasielosigkeit ist auch verantwortlich für das sektiererische Dahinkümmern der linken Tageszeitungen *Die Neue* und *taz*.

»Schmidt, das ist der Deutsche Herbst / Zieht euch warm an, Kinder! / Wenn erst der Strauß das Sagen hat / Dann kommt der Deutsche Winter«, singt Wolf Biermann auf seiner neuen Platte. Melancholisch erinnert er an den Prager Frühling und an den Pariser Mai. Die Metapher vom Deutschen Herbst droht zu einem lähmenden Mythos zu werden. So deutsch ist dieser Herbst auch wieder nicht. Anderswo geht es herbstlicher zu, und deutsch wäre allenfalls das grassierende Selbstmitleid zu nennen. Biermann immerhin, vital und intelligent, fällt darauf nicht herein, der Witz ist ihm, anders als den meisten, noch lange nicht ausgegangen, seine Lieder zeigen es. Treffend spricht er vom »Überschwang der Erbitterung«.

Dieser Überschwang der Erbitterung ist das späte Echo der Adornoschen These, daß kein wahres Leben im falschen sei. Solche Argumentation bleibt blind gegenüber der Tatsache, daß, wenn überhaupt irgendwo, in den alternativen Bewegungen jene Entwürfe weitergedacht und praktiziert werden, die in der achtundsechziger Bewegung ihren Ausgang nahmen. Wobei allerdings die Transformation dieser Konzepte in einen neuen Konservatismus unverkennbar ist. Dies erklärt die Schwierigkeiten der traditionellen Linken, sich den Grünen anzuschließen, und ihre die neue Partei bis in die Zerreißprobe treibenden Versuche, traditionelle Vorstellungen durchzusetzen.

Die alten Muster links-rechts, progressiv-konservativ sind längst fraglich geworden, und diejenigen, die man herkömmlicherweise konservativ nennt, sollten wir richtiger technokratisch nennen. Der neue, grüne Konservatismus läuft allerdings Gefahr, beim Altkonservatismus Anleihen zu machen. Die Unschuld seines Anfangs wird er bald verlieren. Aber nicht alles, was der Nationalsozialismus illegitim sich einverleibte, ist deshalb schon ein für allemal erledigt. Die Sehnsucht nach einer unverfälschten Natur läßt sich nicht für immer unter den Vorwurf der Blut-und-Boden-Ideologie zwingen. Sie hat heute geradezu utopischen Charakter. Heinrich Böll hat seinerzeit, anläßlich einer Rezension des Romans »Die Mutter« von Karin Struck (1975), gesagt, daß es nicht erlaubt sei, den Wert der Mutterschaft, der Nazis wegen, mit Ideologieverdacht zu belegen. Die glänzende und scharfsinnige Streitschrift gegen die Atomenergie, die der konservative Philosoph Robert Spaemann in den *Scheidewegen* (4/1979) publizierte, macht im übrigen deutlich, daß die Fronten sich ändern mit der veränderten Situation.

Es war die größte Qualität der achtundsechziger Linken, daß es ihr nicht so sehr darauf ankam, links zu sein, sondern: radikal zu sein, das Denkbare zu denken und zu fordern. Wenn sie intellektuell überleben will, darf sich die Linke nicht durch Denkverbote selbst mediatisieren.

Statt dessen jedoch klammert sie sich an die ehrwürdige Tradition des Antifaschismus. In einer Zeit, da von Vietnam keiner mehr spricht, da in Persien die einst erhoffte Revolution den Terror brachte, da Kommunisten über Afghanistan mit Napalm herfallen, ziehen sich viele auf unbezweifelbare, historisch legitimierte Positionen sozialistischer Überzeugung zurück. Der »Anachronistische Zug«, der jetzt durch deutsche Städte zieht und vor einem neuen Faschismus warnen will, beruft sich auf das Gedicht »Freiheit und Democracy«, das Brecht 1947 schrieb. Seine Vision einer Rückkehr der alten Mächte und der noch nicht alten Nazis traf damals die Situation, und noch der Fall Filbinger hat ihm recht gegeben. Aber ich frage mich, ob das wirklich die Gefahren der Zukunft sind, ob es erlaubt und nutzbringend ist, Strauß als neuen Hitler an die Wand zu malen und die Bundesrepublik als neofaschistischen Staat. Das sind hilflose Dämonisierungen.

26. September 1980

Der Verlust der Wahrheit
Über die Intellektuellen

Wer schweigt, der redet nicht. Das ist einfach. Es gibt jedoch Leute, die schweigen und zugleich darüber reden. Das ist ein Kunststück. Diejenigen, die es zur Zeit vorführen, nennen sich Intellektuelle. Es handelt sich sozusagen um Bauchredner. Sie bewegen zwar die Lippen nicht, aber sie brummeln und grummeln ganz mächtig aus der Tiefe eines wachsenden Unbehagens.

Das Unbehagen ist der Verdacht, die Intellektuellen hätten ihren Einfluß verloren, die Chronik der laufenden Ereignisse werde ohne sie geschrieben. Da bildet sich eine imponierende Friedensbewegung – und die Intellektuellen spielen in ihr nur eine untergeordnete Rolle. Da erobern Grüne und Alternative Parlamentssitze und üben eine politische Praxis, für die kein Intellektueller theoretische Urheberrechte beanspruchen kann. Da setzen Jugendliche, die mit Mühe des Lesens und Schreibens kundig sind, die Stadt Zürich und die ganze Schweiz in Aufruhr, und kein Intellektueller war dabei.

»Die Intellektuellen schweigen«, schrieb Wolfram Schütte Ende Mai in der *Frankfurter Rundschau.* »Eine kulturpolitische Debatte findet nicht statt, und falls doch, dann ohne sie.« Ein unhaltbarer Zustand, versteht sich. Schütte führte deshalb eine ausdauernde Diskussion über dieses Schweigen und füllte die Seiten seiner Samstagsbeilage den ganzen Sommer über mit Stellungnahmen von Intellektuellen. Nun ist die Debatte zu Ende, und die Intellektuellen könnten wieder schweigen – wenn sie denn je geschwiegen hätten.

Aber sie haben nicht. Es ist noch kein Jahr her, daß Intellektuelle die Kampagne »Freiheit statt Strauß« führten und sich heftig in den Wahlkampf einmischten. Nicht viel später beschloß eine PEN-Tagung unter Anführung von Peter Rühmkorf die Neuauflage des 1967 ausgerufenen Boykotts der Springer-Presse. Einige hundert Intellektuelle unterschrieben den Aufruf. Auch sonst schweigen die Intellektuellen ziemlich laut. Sie sitzen ja doch alle mehr oder weniger behaglich in keineswegs unwichtigen Positionen der Meinungs- und Kulturindustrie, sie schreiben Aufsätze, publizieren Bücher, verfertigen Rundfunk- und Fernsehsendungen. Es ist ihr Beruf, sich redend und schreibend zu äußern, Meinungen zu formulieren und zu verbreiten, und es gibt keine Anzeichen dafür, daß sie dies in geringerem Maße täten als früher.

Und doch: Etwas hat sich geändert, und nicht bloß die *Rundschau*-Debatte beweist das. Es gibt einen neuen Sachverhalt: die Macht der Intellektuellen als aufklärische, auf Moral und Wahrheit pochende Gegenöffentlichkeit schwindet. Wohlgemerkt: nicht ihr Einfluß als Agenten der Kulturindustrie. Hier fungieren sie nach wie vor als Meinungsträger und Multiplikatoren. Ihre Rolle als Sinnlieferanten jedoch, als Interpreten und Kritiker gesellschaftlicher Zustände haben sie mehr oder weniger eingebüßt.

Die Gründe für diesen Verlust lassen sich nur vermuten. Einen davon nennt Wilfried F. Schoeller, wenn er in der *Rundschau* von einer »sprachlichen Behinderung infolge sozialdemokratischer Hörigkeit« spricht. Es ist den Intellektuellen, wie sich nun zeigt, nicht gut bekommen, daß sie sich in ihrer Mehrheit seit rund zehn Jahren einer bestimmten Partei verschreiben, die ja bekanntermaßen nicht in der Opposition sitzt und deshalb den Zuspruch der traditionsgemäß oppositionellen Intellektuellen verdiente, sondern die einige Machtmittel in Händen hat. Zwar haben die Intellektuellen die SPD nie kritiklos unterstützt, aber sie haben ihr doch immer wieder, aus Angst vor Strauß und der Union, mit ideologischen Zulieferungen und Rechtfertigungen gedient. Zähneknirschend, ja. Wer lange mit den Zähnen knirscht, dem werden sie stumpf. Zeigen läßt sich das an Günter Grass, Prototyp des parteipolitisch engagierten Intellektuellen. Der Es-Pe-De-Trommler, der

1972 die sozialdemokratische Wählerinitiative beflügelte, hat, ebenso wie die vielen anderen Intellektuellen, die ihm halfen, wenig Dank geerntet. Schon ein Jahr später sagte er auf einem Kongreß: »Fett und allzu selbstsicher flezt sich die SPD im Schatten einer Mehrheit, die sie ohne den aktiven Beitrag vieler ihrer Wähler nie erreicht hätte. (...) Kein Anlaß besteht, weder auf den Ministerbänken noch auf mittlerer Funktionärsebene, mit den Hosenträgern zu schnalzen und selbstgefällig Machtzuwachs zu demonstrieren. Vierzehn Jahre lang litt die Demokratie in der Bundesrepublik unter der Vermessenheit einer CDU/CSU, die sich als Staatspartei betrug; es soll sich niemand in der SPD versucht sehen, nun, nach gewonnener Wahl, Staatspartei unter anderen Vorzeichen spielen zu wollen.«

Das war hübsch formuliert, und genau so traf es ein. Die Aufhebung des alten Gegensatzes von Geist und Macht erwies sich als Illusion. Dennoch, auch 1976 wieder machten sich Intellektuelle für die SPD stark, wenngleich mit sinkender Begeisterung. Der Schriftsteller Thaddäus Troll bemerkte melancholisch: »Wir sind mit dem Verhindern beschäftigt.« 1980 brachte der Name Strauß ein letztes Mal alle Skrupel zum Schweigen. Jetzt schweigen die Intellektuellen. Nicht einmal Günter Grass äußert sich zum Siechtum und möglicherweise nicht fernen Ende der Koalition. Mag Kohl kommen: was die SPD ihren Intellektuellen zugemutet hat, vom Radikalenerlaß bis zum Paragraphen 88a, vom Ausschlußverfahren gegen den allzu kritischen Abgeordneten Hansen bis zur jüngst erwogenen Heraufsetzung der Mehrwertsteuer für Bücher, vom Atomenergieprogramm bis zur Nachrüstung – all dies scheint nun endlich den Intellektuellen zuviel.

Es ist nicht sicher, wieviel das Engagement der Intellektuellen politisch bewirkt hat. Sicher ist jedoch, daß es zu ihrer allmählichen Selbstfesselung führte. So kam es, daß denjenigen, die Ende der sechziger Jahre Opposition waren, nun selber eine Opposition von Leuten erwuchs, die keine Intellektuellen oder jedenfalls nicht mehrheitlich Intellektuelle sind: Alternative, Friedensmarschierer, Hausbesetzer, Anarchos. Die sogenannte »Szene« ist antiintellektuell und weithin sprachlos. Sprachlos stehen ihr die Intellektuellen gegenüber.

Ein anderer Grund für die schwindende Macht der Intellektuellen liegt im Verlust der Wahrheit und damit der kritischen Emphase. Es ist nicht die Frage, ob die Wahrheit je in ihrem Besitz war, aber der Anspruch, jenseits aller Fachkompetenz moralische Urteile über Politik und Gesellschaft zu fällen, erlischt zwangsläufig, wenn die Wahrheitskriterien brüchig geworden sind. Eines der letzten Arsenale solcher Kriterien war der Marxismus. Seine theoretische Aneignung, Neuformulierung und Kritik durch die »Frankfurter Schule«, verbunden mit der Anknüpfung an die durch das Dritte Reich verschütteten aufklärerischen Traditionen, lieferte ein Instrumentarium, dessen sich die Intellektuellen zunächst wirkungsvoll bedienten. Es genügt, Martin Walsers Vietnam-Aufsatz im *Kursbuch* 9 (1967) oder seinen Essay »Über die Neueste Stimmung im Westen« (*Kursbuch* 20, 1970) zu lesen, um zu sehen, mit welcher Emphase die Intellektuellen damals Positionen des Geistes gegen die der Macht setzten. 1968 hielt Hans Magnus Enzensberger in Frankfurt eine Rede, in der er die Intellektuellen aufforderte, »mit den Studenten und Arbeitern auf die Straße zu gehen«. Das war kurz nach dem Pariser Mai. »Schaffen wir endlich, auch in Deutschland, französische Zustände!«, rief er. (Nachlesen kann man das im eben erschienene Neudruck der literarischen Jahrbücher *Tintenfisch*.) Demselben Enzensberger verwelkten in Kuba die Blütenträume, und heute gibt er die Zeitschrift *Transatlantic* heraus, zu deren ständigen Rubriken das nicht nur ironische »Journal des Luxus und der Moden« gehört.

Verrat? Unter deutschen Intellektuellen gilt oft als Verräter, wer seine Meinung ändert. Michael Schneider höhnte in der *Rundschau* gegen die Abweichler: »Eine ganze Equipe von Intellektuellen arbeitet seit einigen Jahren mit konjunkturbewußtem Eifer an der Demontage ihrer eigenen Vergangenheit.« Manche halten eben Selbstkritik für Demontage. – »Der Begriff des Verräters kommt aus dem ewigen Vorrat kollektiver Repression, gleichgültig welcher Farbe. (...) Der Begriff der Moral erheischt Autonomie, sie wird aber von denen nicht toleriert, die Moral im Munde führen.« (Adorno, »Stichworte«, 1969.)

Zwar wurden die deutschen Intellektuellen nicht in derselben Weise vom Gulag-Schock getroffen wie die Marxisten in Frankreich. Aber auch hier sind die alten Gewißheiten zerbröckelt unter dem Druck der schieren Macht, den der Ostblock-Kommunismus von Prag bis Kabul demonstriert. »Die Wahrheit macht einem immer mal wieder / einen dicken Strich durch den Glauben / Man kuckt in die Zukunft – jedenfalls ich! – / wie in eine Geschützmündung«, schrieb der linke Peter Rühmkorf 1979, noch bevor die Nachrüstung beschlossen war.

Es haben sich also Position und Rolle der Intellektuellen insgesamt geändert. Dietz Bering hat in seiner Untersuchung »Die Intellektuellen – Geschichte eines Schimpfwortes« (1978) den Ursprung des Begriffs ausfindig gemacht. Zum erstenmal taucht er am 19. Januar 1898 in der Zeitung *Les droits de l'homme* auf. Damit werden diejenigen bezeichnet, denen es gelungen war, den Dreyfus-Prozeß neu aufzurollen und die drohende faschistische Diktatur zu stoppen. Damals galt »intellektuell« als Schimpfwort in nationalistischen Kreisen und war verknüpft mit dem Odium des Antinationalen, des Jüdischen, der Dekadenz. Die »Intellektuellen« selber hingegen definierten sich durch die Begriffe Demokratie, Rechtsstaatlichkeit und Moral. Sie waren Opposition, und Emile Zolas »J'accuse« wurde zu ihrem Schlachtruf.

Die Geschichte des Dreyfus-Skandals zeigt, wie die Intellektuellen im Kampf gegen den totalitären Unrechtsstaat sich auf humanistische Ideale beriefen und in eine entschieden aufklärerische bürgerliche Tradition stellten. Sie hatten in diesem Konflikt die Wahrheit auf ihrer Seite, und »Wahrheit« war seitdem der Bestimmungsgrund des Intellektuellen. Noch 1969 schrieb Noam Chomsky in seinem Aufsatz »Vietnam und die Redlichkeit des Intellektuellen« (*Kursbuch* 9): »Es ist die Aufgabe des Intellektuellen, die Wahrheit zu sagen und Lügen zu entlarven.« Heute, da die Ideologieproduktion auch mit Hilfe der Intellektuellen gigantische Ausmaße angenommen hat, klingt der Satz zumindest naiv.

In den Augen der wenigen noch linientreuen linken Intellektuellen sind alle diejenigen, die ihren Glauben an unerschütterliche, politisch ausmünzbare Wahrheiten verloren haben, ob sie Enzensberger, Walser oder sonstwie heißen, einfach nur Renegaten, Opportunisten, Schwächlinge. In der Tat haben die Intellektuellen der sechziger Jahre ihre Erfahrungen gemacht, sie sind alt geworden, und gealtert ist auch ihre Selbstsicherheit.

Man muß vielleicht nicht so weit gehen wie Ivan Nagel, der in einem glänzenden Essay »Der Intellektuelle als Lump und Märtyrer« (*Akzente,* 1/81) die Rolle der Intellektuellen vor und während der französischen Revolution beschreibt. Dort sagt er: »Der Intellektuelle muß seinen Gegner als Unmenschen entlarven.« (Von »entlarven« schrieb auch Chomsky.) Oder: »Moral entspringt dem tiefen, wilden Schmerz nicht über fremde, sondern eigene Verderbtheit. (...) Da der Intellektuelle von der Großmut der Großen nicht leben kann, lebt er von den Lastern der Großen, die er bloßstellt.« Ivan Nagel unterläßt es, Parallelen zur gegenwärtigen Situation zu ziehen. Täte er es, so wäre das, da er selber ein Intellektueller ist, ein unter Intellektuellen nicht eben seltener Masochismus. Daß wir von den Lastern der Großen leben, ist eine böse Pointe.

Der Philosoph Michel Foucault hat vor einigen Jahren in einem Gespräch mit dem Philosophen Gilles Deleuze gesagt: »Was die Intellektuellen unter dem Druck der jüngsten Ereignisse entdeckt haben, ist dies, daß die Massen sie gar nicht brauchen, um verstehen zu können; sie haben ein vollkommenes, klares und viel besseres Wissen als die Intellektuellen, und sie können es sehr gut aussprechen. Aber es gibt ein Machtsystem, das ihr Sprechen und ihr Wissen blockiert, verbietet und schwächt. Ein Machtsystem, das nicht nur in den höheren Zensurinstanzen besteht, sondern das ganze Netz der Gesellschaft sehr tief und subtil durchdringt. Die Intellektuellen sind selbst Teil dieses Machtsystems.« (»Von der Subversion des Wissens«, 1974.)

Wenn dies so wäre, dann hätten wir Intellektuellen in der Tat zu schweigen. Aber sind wir dann noch Intellektuelle? Wenn du nicht geschwiegen hättest, wärest du ein Intellektueller geblieben.

18. September 1981

Die Legende vom Außenseiter *

Über die Schriftsteller

Die Übereinkunft, die uns hierher geführt hat, lautet, daß wir alle, die wir literarisch tätig sind, mehr oder weniger Außenseiter seien. Und das Ziel dieses Symposiums ist es, dieses Außenseitertum näher zu bestimmen. Es genügt hier in Graz, kurz an jenen grotesken Streit zu erinnern, der sich 1975 um Wolfgang Bauers »Gespenster« ereignete. Damals entfachte sich der notorische Kleinkrieg zwischen dem »Forum Stadtpark« und seinen Gegnern, eine Koalition aus halbwegs honorigem Kulturkonservatismus und gänzlich unhonorigem Altfaschismus, zur offenen Schlacht. Damals spürten die Schriftsteller, was es heißt, Außenseiter zu sein. Andere Beispiele, und nicht nur aus Graz, ließen sich anführen.

Das Verhältnis zwischen Schriftsteller und Gesellschaft ist also unstreitig ein Konfliktverhältnis. Dennoch will ich die Übereinkunft des Symposiums in Frage stellen. Ich behaupte, daß das Außenseitertum des Schriftstellers eine Legende ist, und ich will versuchen, dies zu belegen. Wie jede Legende so verknüpft auch diese Wahres und Falsches, Wirklichkeit und Wunschphantasie. Der Schriftsteller ist zwar ein Außenseiter, vor allem jedoch, scheint mir, möchte er einer sein. Er sucht das Stigma des Außenseitertums in der Hoffnung, der Aura des Auserwählten teilhaftig zu werden. Der Schriftsteller selber produziert die Legende vom Außenseiter. Ob Torquato Tasso

---

* Vortrag auf dem Literatursymposium »Außenseiter« im Forum Stadtpark, Graz 1981 und abgedruckt in der *Zeit* vom 27. November 1981

oder Tonio Kröger, immer hat die bürgerliche Literatur diesen Mythos gehegt und gepflegt. Der Dichter, der seiner Zeit unbequeme Wahrheiten sagt und dafür von der Gesellschaft geächtet und ausgestoßen wird, das ist ein bis heute unangefochtener Topos des literarischen Lebens. Er ist sogar dermaßen wirkungsmächtig, daß ein Autor, will er vor sich und anderen als wirklicher Schriftsteller gelten, sich verfolgt, zumindest mißachtet fühlen muß.

Die Wirklichkeit literarischen Außenseitertums hat sich zur Legende verklärt und verfestigt. Eine seltsame Umkehrung ist die Folge davon: In vielen Fällen gilt der Autor nicht kraft seines Schriftstellerseins als Außenseiter, sondern er macht sich zum Außenseiter, um als Schriftsteller zu gelten. Und deshalb muß er sich, wenn die literarische Öffentlichkeit ihn wohlmeinend akzeptiert und mit Auszeichnungen belobigt, in seiner Rolle gefährdet vorkommen. Wer den Schriftsteller öffentlich umarmt, der nimmt ihm sein Außenseitertum. Der Schriftsteller wehrt sich, indem er provoziert, und er hofft, daß die Provokation gelingt – und daß die Öffentlichkeit ihn zurückstößt in sein Außenseitertum. Die Öffentlichkeit jedoch ist, wie wir wissen, auf die Provokation längst vorbereitet und läßt sie ins Leere laufen. Da auch sie den Schriftsteller für einen Außenseiter hält, erwartet sie nichts anderes.

Die Legende vom Außenseiter produziert also Rollenspiele, die über den wirklichen Sachverhalt wenig aussagen. Sie verlangt vom Schriftsteller sichtbare Zeichen der Nichtanpassung, wie angepaßt er innerlich auch sein möge. Wer gegen die Spielregeln verstößt, muß mit Sanktionen rechnen. Als Gerhard Roth im Frühjahr 1980 vier Wochen den österreichischen Bundeskanzler Kreisky begleitete und zusammen mit dem Fotografen Konrad R. Müller einen Bildband darüber veröffentlichte, mußte er höhnische Kommentare in Kauf nehmen. Ein Schriftsteller, der mit einem Staatsoberhaupt auf gutem Fuß steht, kann eigentlich nicht als Schriftsteller gelten. Gerhard Roth war in diesem Augenblick ein Außenseiter, weil er die Regeln literarischen Außenseitertums verletzt hatte.

Das legendengesättigte literarische Außenseitertum hat mit dem wirklichen Außenseitertum wenig zu tun. Wenn wir versuchen, die Situation gesellschaftlicher Außenseiter zu definieren, also die Rolle zu betrachten, die Armen, Asozialen, Kriminellen, Ausländern, Kranken und Krüppeln von der Gesellschaft zugewiesen wird, dann lassen sich vier Merkmale ausfindig machen.

Diese wirklichen Außenseiter stehen erstens am Rande gesellschaftlichen Prestiges, zweitens am Rande gesellschaftlicher Privilegien, drittens am Rande gesellschaftlichen Reichtums, viertens am Rande gesellschaftlicher Normen.

Wie verhält es sich mit dem Schriftsteller? Steht er am Rande des gesellschaftlichen Prestiges? Ich denke nicht. Das gebildete oder auf Bildung erpichte Publikum rechnet es sich noch immer zur Ehre an, einem leibhaftigen Schriftsteller in der Dichterlesung Auge in Auge gegenüberzusitzen. Man kann es immer wieder erleben, daß gereifte Hausfrauen, die ein Leben harter, nicht sonderlich hochgeschätzter Arbeit hinter sich haben, mit vor Erwartung bebenden Händen ihr Buch zum Signieren hinhalten. Die Tatsache, daß jemand einen Roman oder einen Gedichtband geschrieben hat, hebt ihn allemal aus der sprachlosen Masse der Nicht-Literaten heraus und verleiht ihm eine Aura besonderer Art. Öffentliche Preisverleihungen gar geraten nicht selten zum feierlichen Zeremoniell, bei dem sich die Preisstifter etwas von dieser Aura ausleihen. Warum besuchen Präsidenten und Minister solche Veranstaltungen, wenn nicht deshalb, weil sie dem Schriftsteller und seiner Literatur einen ganz spezifischen Prestigewert beimessen? Und wenn Schriftsteller gegen die Neutronenbombe protestieren, dann bleibt dieser Einspruch zwar ohnmächtig, aber er hat größeres Gewicht, als es etwa eine ähnliche Erklärung der deutschen Apotheker hätte, obgleich diese in der Sache kaum weniger kompetent sind. Schriftsteller werden sogar manchmal als moralische Instanz in Fragen der Lebensbewältigung betrachtet, von Lesern, die von der Lektüre aufgewühlt wurden und sich nun hilfesuchend an den Autor wenden. Zu dessen Unbehagen oft, denn wie soll er anderen raten, da er doch selber schreibend seine eigene Ratlosigkeit zu mildern suchte. Solche Einschätzung des Schriftstellers spricht nicht für die These, er sei ein Außenseiter am Rande des gesellschaftlichen Prestiges.

Steht der Schriftsteller, zweitens, am Rande gesellschaftlicher Privilegien? Auch dies ist nicht der Fall. Die Forderungen und Aktionen der Schriftstellergewerkschaften haben uns den Blick dafür verstellt, daß die Schriftsteller keineswegs eine unterprivilegierte Klasse sind. Sie führen in der Regel ein Leben, das um einiges weniger entfremdet und verdinglicht genannt werden kann als das der zahllosen Angestellten, die morgens in der U-Bahn unausgeschlafen einem ereignislosen Arbeitstag entgegendämmern. Ich behaupte nicht, daß diese Leute härter arbeiten als Schriftsteller, aber sie leisten eine Arbeit, die nicht die ihre ist. Und wenn sie krank feiern, was ein Schriftsteller sich naturgemäß nicht erlauben kann, dann tun sie das meist nicht zum Spaß, sondern weil sie einer öden Situation augenblicksweise entkommen wollen. Der Schriftsteller hingegen arbeitet vielleicht hart, aber er leistet eine Arbeit, die er sich selber ausgesucht hat, die niemand von ihm verlangt und deren gesellschaftliche Nützlichkeit zumindest nicht erwiesen ist. Dennoch wird er dafür nicht selten ausgezeichnet, und oft wird seine Tätigkeit mit Hilfe öffentlicher Gelder subventioniert. In der Bundesrepublik Deutschland gibt es rund 7000 Kulturpreise mit einer Gesamtdotierung von 30 Millionen Mark, und das ist nur ein Bruchteil dessen, was die öffentlichen Haushalte und die privaten Mäzene für die Kulturförderung aufwenden. Sicher, die Summe ist lächerlich, gemessen an den Kosten eines einzigen Tornado, und zweifellos trifft es zu, daß in unserer Gesellschaft vieles und mit mehr Geld subventioniert wird, vom Bauernverband bis zur Stahlindustrie. Aber zu behaupten, die Schriftsteller seien unterprivilegiert, scheint mir übertrieben.

Drittens: Stehen die Schriftsteller am Rande des gesellschaftlichen Reichtums? Das ist schwer zu beantworten. Tatsache ist, daß die meisten Autoren vom Erlös ihrer Bücher nicht leben können – und deshalb auf Subventionen oder auf einen Glückstreffer im Preisroulette angewiesen sind. Jeder weiß, daß Bücher zu billig und Autorenhonorare erbärmlich niedrig sind. Aber die Verleger behaupten, höhere Preise ließen sich nicht durchsetzen, und es gibt keinen Anlaß, dies für eine Lüge zu halten. Ein Autor beispielsweise, der zwei Jahre an einem Roman schreibt, von dem sich nur 5000 Exemplare absetzen lassen, muß mit diesem Risiko leben oder seinen Schriftstellerberuf als Nebentätigkeit ausüben. Es ist nicht zynisch, auf Gottfried Benn zu verweisen, der sein Geld als Arzt verdiente und einmal von sich sagte, er habe mit seinen Büchern in fünfzehn Jahren monatlich 4,50 DM eingenommen. Es empfiehlt sich, von einer Illusion Abschied zu nehmen: Es gibt kein Grundrecht, gedruckt zu werden und davon leben zu können. Das Freiheitsrecht, schreiben zu dürfen, was man will, ist kein Anspruchsrecht auf Gehalt und Rente. – Sind also Schriftsteller arm? Sie sind es, vergleicht man ihr Durchschnittseinkommen mit dem gesellschaftlichen Lebensstandard. Aber die Frage lautet ja genauer, ob Schriftsteller so arm sind, daß sie regelrecht als Außenseiter gelten können. Es gibt in unserer sogenannten Überflußgesellschaft viele Leute, die tatsächlich arm und elend sind, die unter dem Existenzminimum leben und sich mit der Sozialhilfe oder mit gar nichts durchs Leben schlagen, und ihre Zahl ist größer als die der Schriftsteller.

Viertens: Stehen die Schriftsteller am Rande gesellschaftlicher Normen? Einerseits schon. Denn sie stellen Fragen, die sich andere gar nicht leisten können oder wollen, und indem sie das tun, beziehen sie Position gegen herrschende Übereinkünfte. Sie verstoßen gegen Regeln und informelle Verhaltensmuster, und oft werden sie deshalb diffamiert und gedemütigt. Andererseits muß man natürlich sehen, daß die Gesellschaft gerade dies vom Schriftsteller erwartet und ihm deshalb eine weit größere Toleranz entgegenbringt als Leuten, die die Privilegien des Künstlers nicht genießen. Man kann das Narrenfreiheit nennen, und manchmal ist es wirklich nur das. Aber oft auch handelt es sich um eine wirkliche Freiheit, und wie hoch sie bewertet wird, zeigt sich daran, daß sie im Grundgesetz eigens formuliert ist. In literarischen Werken ist vieles erlaubt, was sonst nicht erlaubt ist. Auch dem Schriftsteller ist vieles erlaubt, was sonst keinem erlaubt ist. Zwar ist diese Freiheit nie ungefährdet. Die Kampagne gegen die Ausstellung von Hermann Nitsch hier in Graz hat das wieder gezeigt. Aber zugleich kann man an ihr sehen, wie weit Kunst gehen darf und wo die öffentliche Schmerzgrenze liegt. Was Hermann Nitsch in der »Eroberung von Jerusalem« schreibt, ist eine Provokation, für die mir als Vergleich nur der Name Sade einfällt. Der Marquis de Sade aber hat seinerzeit die Zensur wirklich fürchten müssen. Er verbrachte 27 Jahre seines Lebens in Gefängnissen und Irrenanstalten. Die Schmerzschwelle war deutlich niedriger als heute, da Tabuverletzungen staatlicherseits eher durch elastische Nicht-Reaktionen geahndet werden als durch Verbote. Wie auch immer: die gesellschaftlichen Normen, die ja nicht bloß aus kodifizierten Gesetzen bestehen, sondern auch aus Verhaltenserwartungen, gelten für Schriftsteller weit weniger streng als für wirkliche Außenseiter. Das heißt: Der Schriftsteller steht zwar am Rande gesellschaftlicher Normen, aber er darf und soll sogar dort stehen, während andere dort nicht stehen dürfen.

Ich finde also, daß die Behauptung dieses Symposiums, der Schriftsteller sei ein Außenseiter, korrigiert werden muß. Ernst Kris und Otto Kurz haben in einer zuerst 1934 erschienenen Untersuchung »Die Legende vom Künstler« näher untersucht (Suhrkamp, Frankfurt 1980). Sie zeigen darin, wie sich in der geschichtlichen Überlieferung Anekdoten und Legenden herangebildet haben, die allesamt den Künstler als Virtuosen, als einen aus der gewöhnlichen Masse herausragenden Magier heroisieren. Man verglich ihn mit Gott, schrieb ihm wunderbare Kräfte zu und war deshalb bereit, ihm größere Freiheiten einzuräumen. Zwar handeln Ernst Kris und Otto Kurz nur von bildenden Künstlern, aber es lassen sich leicht Parallelen ziehen. Denn auch der Dichter wurde oft als besonders begnadeter Prophet betrachtet. Vielleicht ist er das sogar manchmal. Entscheidend in diesem Zusammenhang scheint mir, daß auch die Rolle des Schriftstellers einer beträchtlichen Legendenbildung unterliegt. Während früher jedoch der Dichter als priesterähnliche Figur und nur insofern als Außenseiter galt, sieht man heute sein Außenseitertum darin, daß er der Gesellschaft den Spiegel vorhält und für das, was man darin sieht, bestraft und verfolgt wird, durch Mißachtung, durch Ausgrenzung, durch schlechte Behandlung. Wann dieser Wandel eingesetzt hat, etwa mit dem Beginn der bürgerlichen Literatur, und warum, dies weiß ich nicht. Aber es wäre interessant, es herauszufinden.

Meine Vermutung lautet also, daß der Schriftsteller in Wahrheit weder ein Prophet noch ein *underdog* und insofern kein Außenseiter ist. Ich wende mich damit gegen zweierlei. Einerseits gegen die in literarischen Kreisen häufige Klage über die Benachteiligung der Schriftsteller, andererseits gegen ein Außenseitertum, das bloß noch schlechte Boheme ist.

Es gehört zu den Ritualen von Schriftstellerkongressen, daß ab einem gewissen Punkt der Diskussion plötzlich jemand aufsteht und in weinerlich-wütendem Ton erklärt, wie schlecht es ihm und allen Kollegen gehe. Der Schriftsteller werde von den Medien ausgebeutet, sei ein wehrloses Opfer der Kritiker und der Verleger, er werde notorisch unterbezahlt und sei von allen Segnungen des Sozialstaates ausgeschlossen. Der betreffende Redner weiß dann in der Regel von Fällen zu berichten, wo Rundfunk- oder Zeitungsredakteure seine Manuskripte abgelehnt haben. Er erhebt in diesem Augenblick seine Stimme zu einem großen Pathos und spricht von Zensur. Meist solidarisiert sich damit die Zuhörerschaft durch heftigen Beifall, und es fällt dann das Wort »Streik«, womit das Ritual seinen Höhepunkt erreicht hat. Wer vor einem halben Jahr am ersten österreichischen Schriftstellerkongreß in Wien teilgenommen hat, wird diese Beobachtung bestätigen können.

Es ist keine Frage, daß solche Klagen und Beschwerden auch eine taktische Notwendigkeit sein können, um die soziale Situation der Schriftsteller zu verbessern. Heinrich Bölls Rede vom »Ende der Bescheidenheit«, gehalten vor rund zehn Jahren auf dem ersten deutschen Schriftstellerkongreß in Stuttgart, war in dieser Beziehung ein legitimer und folgenreicher Vorstoß. Ich habe jedoch den Eindruck, daß die These, der Schriftsteller sei ein benachteiligter Außenseiter und ein verfolgter Einzelkämpfer, allzu oft nicht mehr als Selbststilisierung und Selbsttäuschung ist. Sie täuscht mit ihrem Gejammer über die wirkliche Not des Schriftstellers hinweg und formuliert Schuldzuweisungen, wo von Schuld keine Rede sein kann, sondern allenfalls von Kausalität. Zu dieser Kausalität gehört, daß der Beruf des Schriftstellers eben nicht ein Beruf wie jeder andere ist. Schreiben ist für ihn eine Form des Lebens, die einzige, weil der Schriftsteller oft anders nicht leben kann. Schreiben ist existentiell, nicht pragmatisch; es entspringt unmittelbaren Bedürfnissen und subjektiven Zwangsläufigkeiten, nicht einer zweckrationalen, auf Effektivität bezogen Praxis. Zu diesen Bedürfnissen gehört, der Erfahrung des Mangels und der seelischen Not durch das Schreiben abzuhelfen. Der Schriftsteller macht im Falle des Gelingens aus der Not eine Tugend, aus den Defiziten, die er erleidet, einen Gewinn. In seinem Buch »Literatur als Therapie« (Suhrkamp, Frankfurt 1981) schreibt Adolf Muschg: »Im Lebensverlust, den der Schriftsteller in dieser oder jener Form fühlen mag, steckt auch ein Gewinn, von dem er sich nicht oder nicht mehr trennen mag. Ebenso stark wie das Leiden empfindet er, was er diesem Leiden verdankt. Bevor er seine Existenz, wie prekär auch immer, auf Kunst stützte, hat er sie auf die ›Krankheit‹ gestützt. (...) Es gehört ganz offenbar die eigene Gefährdung dazu, um die objektive Gefahr, in der sich die Zivilisation befindet, zu markieren. (...) Es gehört dazu, daß ein Mensch sich selbst aufs Spiel setze – in einer symbolischen Handlung, die ihm mehr bedeutet als ein gutes Leben.« So weit Adolf Muschg (Seiten 119, 123).

Zum Außenseitertum des Schriftstellers gehört also, daß er sich, stellvertretend für andere, die das nicht können, dieser Gefährdung aussetzt. Zu den Kennzeichen des Literaturbetriebs jedoch gehört, daß viele sich diesem Risiko durch ein Gerede über das Risiko entziehen. Sie gefallen sich in einer fiktiven Außenseiterrolle, sie tragen die Attribute eines unangepaßten Lebenswandels und demonstrieren Nicht-Übereinstimmung, indem sie die Legende vom Außenseiter pflegen und ihr getreulich nachkommen.

Rolf Dieter Brinkmann, der wirklich ein Außenseiter war, schildert in seinem Tagebuch »Rom, Blicke« (Rowohlt, Reinbek 1979) seine Eindrücke von einem Besuch des Grazer Literatursymposiums im Herbst 1972. Er empfindet Ekel vor dem bohemienhaften Getue, vor dem leeren Gerede. Haßerfüllt wendet er sich ab von dieser Szenerie. Zurück in Rom notiert er über seine Kollegen: »So was Elendes wie deutsche Künstler, gibt es das sonst noch? Dieses Sich-Zusammenklüngeln, diese Bierabende, diese miese Gemeinschaft, die auf Schnäpsen und allgemeinem Guten-Einvernehmen beruht, das hohl ist wie ein leergeblasenes Ei?« (Seite 278). Es wäre billig, Brinkmann vorzuhalten, der Haß verzerre seinen Blick. Ich denke, er schärft ihn auch. Wir, die wir hier sitzen und über Außenseiter reden, sollten nicht leichtfertig von uns selber behaupten, wir seien Außenseiter. Viele von uns, ich zähle mich dazu, sind viel eher Insider.

Was Brinkmann richtig gesehen hat: an die Stelle des Außenseiters ist der Bohemien getreten. Man erkennt ihn leicht an seiner ausgeklügelten Antibürgerlichkeit, an seinen provokativ gemeinten, in Wahrheit präpotenten Auftritten. Er lebt und verhält sich so, wie er glaubt, daß Schriftsteller zu sein hätten. Dabei ist es eine Binsenweisheit, daß große Schriftsteller nie auf ihr Außenseitertum spekuliert haben. Die bedeutendsten österreichischen Dichter, Grillparzer, Stifter, Kafka, sind Beamte und Angestellte gewesen, und sie haben einen geradezu neurotischen Eifer an den Tag gelegt, ihrem Beruf ordentlich nachzukommen. Kafka, einer der größten Außenseiter, die es je gab, hat nie Außenseiter sein wollen, hat unter seinem Außenseitertum gelitten wie unter einer Krankheit. Von der Mühe, die er sich gab, ein bürgerliches Leben zu führen, zeugen seine tragischen Verlobungsversuche.

Nicht der ist ein Außenseiter, der einer sein will, sondern der, den die Gesellschaft dazu verflucht, den sein Schicksal dazu bestimmt hat, einer zu sein.

Linker Stammtisch

Über ein gewisses Kinopublikum

Niemand soll sagen, es gebe keine Kinokultur in diesem Lande. Es gibt sie, und sie ist exklusiv – etwa so, wie jener Stammtischwimpel, auf dem steht: »Hier sitzen die, die immer hier sitzen.« Die Programmkinos der Großstädte, etwa die »Meisengeige« in Nürnberg, die »Harmonie« in Frankfurt oder das »Abaton« in Hamburg, sammeln im Projektionskreis ihrer verdienstvollen Programme die sogenannte »Scene«, die abends ins Kino geht wie andere zum Skat in die Kneipe. Dem Stammtisch des Kleinbürgers entspricht die Kinokultur der »Scene«.

Dieses Stammpublikum, von dem die Programmkinos leben, ist homogen in seiner Herkunft, einig in seinen Vorurteilen und Vorlieben. Es sind altgewordene Achtundsechziger, grünfühlende Linke, alternativ gesonnene Latzhosenträger, deren ehemaliges politisches Engagement unter dem Druck andauernder Enttäuschungen in ein besserwisserisches Ressentiment umgeschlagen ist, das sich im Kino auslebt.

Abends, wenn die braven Bürger ins Bett sinken, gehen sie in ihr Stammkino: Wohngemeinschaften, Therapiegruppen und alternative Lebenszirkel füllen die abgewetzten Sessel, und hier im Dunkeln, anders als am hellen Tag, wo ideologische Zwiste die Reihen spalten, herrscht tröstliche Einigkeit. Liebesszenen und pathetische Augenblicke erregen nur höhnisches Gelächter, ideologisch Kontroverses verpflichtet zu triumphierenden Buhrufen.

Zum ersten Mal fiel mir das auf, als ich den Film »Pat Garrett jagt Billy the Kid« sah, einen wunderbaren, melancholischen Spätwestern von Sam Peckinpah. Während ich still meinen sentimentalen Gefühlen nachhängen wollte, war das Kino von fröhlich schmetternden Zwischenrufen erfüllt. Beim zweiten Mal, anläßlich einer Vorführung des Films »Ein Mann für gewisse Stunden« von Paul Schrader, hatte offenbar eine Feministinnengruppe ihren abendlichen Diskussionszirkel zum Thema »Der Mann und seine Folgen« ins Kino verlegt. Als Richard Gere die Kollektion seiner Jacketts, Hemden und Krawatten wie die Trümpfe eines Kartenspiels aufs Bett blätterte, schlug die vorher schon spürbare Unruhe in offenen Hohn um, und die nachfolgenden Liebesbegegnungen zwischen der schönen Lauren Hutton und dem noch schöneren Gigolo hatten nicht die geringste Chance mehr.

Dann sah ich »Tote schlafen fest« von Howard Hawks, mit Humphrey Bogart und Lauren Bacall. Verständlich, daß Bogey bei seinem ersten Auftritt mit großem Hallo begrüßt wurde. Unverständlich und nach und nach unerträglich, daß die melancholisch gebrochene Liebe zwischen Philip Marlowe und der Sternwood-Tochter nur noch Gelächter erregte. Und als Marlowe sagte: »Ich habe Angst«, schrie eine Frau hinter mir: »Bogey hat Angst? Ich will mein Geld zurück!« und erntete allgemeinen Beifall.

Derlei scheint die Regel. Chantal Akermans »Eine ganze Nacht«, ein stiller, Aufmerksamkeit erfordernder Film, dessen Atmosphäre schon durch wenige Lacher kaputt gemacht werden kann, sei ihr, so erzählte eine Bekannte, durch Zwischenrufe gänzlich vergällt worden. Ähnlich erging es einem Freund, der »Carmen« von Carlos Saura sah. Daß ein Mann wirklich vom Wahnsinn der Liebe befallen wird, das wollte jenen, die nur Beziehungskisten kennen, nicht in den Kopf.

Die »Scene« geht ins Kino, nicht um Filme zu sehen, sondern um ihre Ressentiments zu befriedigen. Was sie für chauvinistisch und reaktionär hält, sei der Film noch so gut, verfällt gnadenlos ihrem Spott. Bei sich selbst ist dieses Publikum nur, wenn die richtige Überzeugung aus den Bildern trieft, wenn die Faschisten böse und die Frauen solidarisch sind. Bei Margarethe von Trottas »Hellem Wahn« und »Bleierner Zeit« oder bei Michael Verhoevens »Weißer Rose« herrscht schweigende Ergriffenheit. Da ist endlich auf der Leinwand bewiesen, was man ohnehin schon weiß, und was man nicht weiß, das will man auch nicht wissen.

Diese altlinke und neoalternative Kino-Schickeria ist um nichts besser als jenes von ihr verlachte Publikum, das sich an der »Blauen Lagune« oder an »E. T.« erbaut. Die Kinokultur der halbintelligenten Besserwisser, die Gefühle nicht dulden, deren sie selber unfähig sind, habe ich endgültig satt.

16. September 1983

Der Jude von Frankfurt

Über den Fassbinder-Streit

Der Teufel ist los in Frankfurt am Main. Er ist Jude und hat keinen Namen. Keiner kennt ihn, aber manche haben ihn im Westend gesehen, als er alte Villen abriß und Hochhäuser an ihre Stelle setzte. Andere trafen ihn im Bahnhofsviertel, wo er Bordelle nach Regeln betrieb, die er im KZ gelernt hatte.

Der Jude ist reich und zynisch. Er macht alles zu Geld. Er spukt in allen Köpfen herum, er beherrscht die Partygespräche, die Reden des Bürgermeisters und des Magistrats. Die Stadt fürchtet sich vor ihm. Die Kirchen beider Konfessionen wollen ihn bannen in einem gemeinsamen Gottesdienst.

Der Auftritt des Juden soll am 31. Oktober stattfinden, im Kammerspiel der »Städtischen Bühnen« zu Frankfurt am Main. Der Jude, den dieser Tage so viele Exorzisten bekämpfen, ist eine Theaterfigur in Rainer Werner Fassbinders Stück »Der Müll, die Stadt und der Tod«.

Der Schauspieler Edgar M. Böhlke wird ihn spielen. Es ist nicht sicher, ob er ihn wird spielen können. Demonstrationen sind angekündigt, von der FDP und von der sogenannten »Damenriege«, drei Frauen des Stadtparlaments, die seit Wochen Unterschriften sammeln. Jüdische Bürger wollen sich den Judenstern anheften und in KZ-Gewändern auftreten. Nach dem ökumenischen Gottesdienst im Dom soll ein Schweigemarsch zum Theater stattfinden. Die Stimmung ist gereizt. Denkbar, daß die Aufführung des Stücks darunter zusammenbricht.

Ein großes Theater ist los in der Stadt, und noch hat der neue Intendant Günther Rühle die Spielzeit seines Theaters gar nicht eröffnet. Er sitzt im fünften Stock seines Hauses und sagt traurig: »Das geht unter die Haut.« Er meint die Anwürfe, Anschuldigungen, Androhungen. Der Oberbürgermeister Walter Wallmann ist enttäuscht von seinem Intendanten und sagt: »Ich mißbillige die Aufführung des Fassbinder-Stücks.« Der Kulturdezernent Hilmar Hoffmann befürchtet, »daß diese unselige literarische Hinterlassenschaft Fassbinders geeignet ist, den Aussöhnungsprozeß zwischen Juden und Nicht-Juden zu gefährden«. Die Jüdische Gemeinde Frankfurt protestiert. Das Jüdische Kulturforum Westberlin klagt gegen Rühle wegen »Volksverhetzung und Aufstachelung zum Rassenhaß«. Die Staatsanwaltschaft jedoch sagt, Fassbinders Werk habe Anspruch auf Kunstfreiheit. Der Streit um das Stück hat inzwischen jene Oberhitze erreicht, die über den ursprünglichen Anlaß hinweg zu gewaltigen Themen aufsteigt: die Bodenspekulation, die Juden, der Antisemitismus, der Linksfaschismus, die Zensur.

Wer ist der Jude in diesem Stück, das gegenwärtig in Frankfurt gespielt wird? Sind es die Überlebenden von Auschwitz, die große Furcht haben vor altem Haß und neuer Hetze? Ist es der tote Fassbinder, der nachträglich zum Antisemiten ernannt wird? Ist es der arme Günther Rühle, dem seine Gegner unterstellen, nur Ruhmsucht könne ihn dazu bewegt haben, den Skandal zu riskieren?

Heillos ist das Stimmengewirr. Noch hat keiner das Stück gesehen, kaum einer hat es gelesen, obwohl es keine fünfzig Buchseiten umfaßt. Viertausend Exemplare hat der Verlag der Autoren davon verkauft. Wenn von all denjenigen, die nun in Frankfurt erregt darüber diskutieren, nur jeder zweite das Buch gekauft hätte, die Auflage müßte in die Zigtausende gehen.

In Fassbinders Stück gibt es eine Figur, die heißt »Der reiche Jude«. Er sagt: »Ich kaufe alte Häuser in dieser Stadt, reiße sie ab, baue neue, die verkaufe ich gut. Die Stadt schützt mich, das muß sie. Zudem bin ich Jude. Der Polizeipräsident ist mein Freund, was man so Freund nennt, der Bürgermeister lädt mich gern ein, auf die Stadtverordneten kann ich zählen. Gewiß – keiner schätzt das besonders, was er da zuläßt, aber der Plan ist nicht meiner, der war da, ehe ich kam. Es muß mir egal sein, ob

Kinder weinen, ob Alte, Gebrechliche leiden. Es muß mir egal sein. Und das Wutgeheul mancher, das überhör ich ganz einfach. Was soll ich auch sonst. Mit schlechtem Gewissen mir Krankheiten auf den Buckel laden? Die Krätze oder die Pest? Ich glaube an Gott, aber an die Gerechtigkeit zwischen den Mauern? Soll meine Seele geradestehen für die Beschlüsse anderer, die ich nur ausführe mit dem Profit, den ich brauche, um mir das leisten zu können, was ich brauche. Was brauch ich? Brauche, brauche – seltsam, wenn man ein Wort ganz oft sagt, verliert es den Sinn, den es ohnehin nur zufällig hat. Die Stadt braucht den skrupellosen Geschäftsmann, der ihr ermöglicht, sich zu verändern.«

Jeder in Frankfurt, und das erklärt zum Teil die jetzige Wut, weiß, wovon Fassbinder hier spricht. Es ist der Sumpf vergangener Jahrzehnte, über den man die fadenscheinige Decke des neuen, schönen Frankfurt gebreitet hat.

Damals, vor etwa fünfzehn Jahren, begann die Zerstörung des Westends, des vornehmsten Wohnviertels von Frankfurt. Hier haben vor ihrer Vertreibung viele Juden gewohnt, in großbürgerlichen Villen und schönen alten Mietshäusern. Die Stadt des Wirtschaftswunders platzte aus den Nähten, suchte neues Gelände – und gab das Westend preis. Eine hemmungslose, von einer fortschrittswütigen SPD favorisierte Bodenspekulation setzte ein. Die Banken finanzierten Immobilienhaie, die ganze Blocks »entmieteten« und abrissen. Ich erinnere mich zweier Schulkameraden, die zum Abitur eine kunsthistorische Dokumentation des Jugendstils im Westend anfertigten. Von dem, was sie damals, 1964, fotografierten, ist heute nur noch ein Bruchteil übrig.

Zu jener Zeit konnte man in der Straßenbahn, die über die Bockenheimer Landstraße an den Baggern und Baugruben vorbeifuhr, Leute murren hören: »Die Judde sin widder da!«, und auf den Bauzäunen waren manchmal antisemitische Parolen zu lesen. Namen wie Buchmann, Selmi und Bubis wurden bekannt. Als im Selmi-Hochhaus am Platz der Republik ein Feuer ausbrach, standen die Leute und freuten sich, daß dem Juden das Haus abbrannte. Noch heute trifft man Frankfurter, die Selmi für einen Juden halten, was er nicht ist.

Zum allgemeinen Zorn trug bei, daß das Westend offiziell immer noch ein Wohnviertel war. Für den Bau von Bürohochhäusern brauchte man Ausnahmegenehmigungen. Deren Erteilung bewegte sich in der Regel zwischen Kuhhandel und Korruption.

Als der Filmemacher Alexander Kluge, der damals noch in der Schumannstraße wohnte, mit seiner Kamera die Straßenkämpfe festhalten wollte, die um die Häuser Schumannstraße/ Ecke Bockenheimer tobten, wurde er von der Polizei gewaltsam daran gehindert. Zeugen dessen, was im Westend passierte, waren seinerzeit ebenso unbeliebt wie heute.

Die besetzten Häuser an der Schumannstraße, die dann geräumt und abgerissen wurden, gehörten Ignatz Bubis. Auf die Frage, wie reich Bubis sei, sagen manche: »Noch viel reicher.« Bubis ist heute Vorsitzender der Jüdischen Gemeinde Frankfurt. Meinen Vorschlag zu einem Gespräch akzeptiert er sofort.

Es ist Sonntagnachmittag, und mein Weg zu Bubis führt mich an der jüdischen Synagoge vorbei. Das gewaltige, massige Gebäude macht einen düsteren Eindruck. Das ursprüngliche Hauptportal ist mit schweren Gittertoren verriegelt und sieht aus, als wäre es nie benutzt worden. An drei Seiten der Synagoge sind Überwachungskameras, Scheinwerfer und Spiegel montiert, Gitter hängen vor den Fenstern. Der Belagerungszustand wirkt um so gespenstischer, als an diesem stillen Herbsttag das Viertel nahezu tot ist.

Weiter unten in derselben Straße hat Bubis sein Büro. Die Rolläden sind verschlossen, aber schließlich ist es Sonntag. Bubis kommt gerade von einer Sitzung des Zentralrates der Juden in Deutschland. Heute gibt es 30000 Juden in der Bundesrepublik. So viele waren es vor dem Holocaust allein in Frankfurt.

Bubis geht unschlüssig durch die Räume seines Büros, weil auf allen Schreibtischen Berge von Papieren liegen, und führt mich schließlich in eine Art Besuchszimmer, an dessen einer Wand das mannshohe Foto eines Hochhauses steht. Es handelt sich dabei, wie er auf meine Frage hin erläutert, um das Modell jenes Bürogebäudes, das er damals auf dem umkämpften Grundstück an der Schumannstraße errichten wollte. Daraus wurde nichts. Anfang der siebziger Jahre kam der Konjunktureinbruch, und auch im Westend gab es überschüssigen Büroraum.

»Ich bin kein Abenteurer«, sagt Ignatz Bubis, »ich baue kein Haus, wenn ich nicht vorher Mietverträge abgeschlossen habe.« Er verkaufte das Gelände. Zur Zeit wird dort ein Gebäude der Kreditanstalt für Wiederaufbau hochgezogen. »Die gehört dem Bund«, sagt Bubis, um mir klarzumachen, daß es nicht hauptsächlich die Juden sind, die Bodenspekulation betreiben. Er zählt mir der Reihe nach die Hochhäuser an der Bockenheimer Landstraße auf und nennt die Besitzer. Keiner davon ist Jude. Aber er gibt zu: »Wenn von den etwa hundert Großspekulanten zehn oder zwanzig Juden sind, dann ist das ein hoher Prozentsatz.«

Der Name von Bubis ist damals in antisemitischen Parolen aufgetaucht. Ich frage ihn, ob er sich als Opfer vorkomme – oder andernfalls als Täter, der zur Zerstörung des Westends sein Teil beigetragen habe. »Ich fühle mich weder als Täter noch als Opfer«, sagt er, »ich bin kein Stadtplaner. Die Stadt hat das alles gewollt. Der damalige Leiter des Stadtplanungsamtes sagte mir, wenn Sie dreitausend Quadratmeter zusammenkriegen, kriegen Sie eine Ausnahmegenehmigung.« Also sorgte Bubis dafür, daß dreitausend Quadratmeter zusammenkamen.

Glaubt Bubis, daß seinerzeit alles auf rechtliche Weise zugegangen ist? Da sieht er mich fast erstaunt an und sagt: »Nein.« Es habe ja nie einen Bebauungsplan für das Westend gegeben.

Die jüdische Journalistin Irene Dische veröffentlichte 1981 in der Zeitschrift *TransAtlantik* eine Reportage über »Die reichen Juden in Deutschland«. Darin heißt es: »Die neuen reichen Juden von Frankfurt waren wieder die klassischen Mittelsmänner: Sie erledigten die Schmutzarbeit für die Stadt und die Banken, die von ihrer Bereitschaft profitierten, die schlechte Publicity und die finanziellen Risiken auf sich zu nehmen. Man fand die Juden peinlich und faszinierend. Man hatte irgendwie gedacht, daß die Juden vorsichtiger sein würden, um nicht wieder den alten Klischees zu entsprechen.«

Irene Dische schildert die Lebensläufe einiger jüdischer Immobilienbesitzer in Frankfurt: »Sie sind eine bemerkenswert homogene Gruppe; sie alle sind polnischer Herkunft, und sie sind – mit ein oder zwei Ausnahmen – im Ghetto und im KZ aufgewachsen.« Als Junge war Bubis Postbote im Ghetto gewesen. Später verdiente er sein Geld auf Schwarzmärkten in Dresden.

Jene Fähigkeiten, die den KZ-Insassen das Überleben ermöglicht hatten, List und Ausdauer, dienten ihnen beim Aufstieg im Wirtschaftswunderland. Ich frage Bubis, ob er der Vermutung zustimme, die nach Frankfurt gekommenen Ostjuden hätten ihre Bodenspekulation aus unbewußter Rache betrieben. Er nennt das »absurd«. Den Verdacht, die Juden hätten einen »Auschwitz-Bonus« gekriegt, findet er »lächerlich«. Nochmals betont er, daß er ganz im Interesse der Stadt gehandelt habe. Den Begriff »Spekulant« mag er wegen des abschätzigen Beigeschmacks nicht. Statt dessen schlägt er erstaunlicherweise das Wort »Konjunkturritter« vor. »Als einen solchen habe ich mich immer betrachtet.«

Gegen Fassbinders Stück ist Bubis mit Entschiedenheit. Er findet es schlecht und antisemitisch. Die Figur des reichen Juden habe es bislang nur im *Stürmer* gegeben. War Fassbinder Antisemit? Das wisse er nicht. »Er muß es ja nicht gemerkt haben.« Ob Bubis einen neuen Antisemitismus spüre? Dazu äußert er sich zurückhaltend. Es gebe wohl einen versteckten Antisemitismus. Darüber zu diskutieren, sei vielleicht nützlich. Aber: »Dazu braucht man das Stück nicht.« Bubis, so ist mein Eindruck, will den Streit nicht eskalieren lassen. So war er zum Beispiel dagegen, Klage zu erheben. »Ich gehe davon aus, daß in vier Wochen kein Mensch mehr davon sprechen wird.«

»Ich bin froh, wenn das alles vorbei ist«, sagt Karlheinz Braun, Chef des Verlags der Autoren. Sein Büro, keine hundert Meter entfernt von der »Ignatz Bubis Unternehmensverwaltung«, befindet sich in einer der noch existierenden alten Villen des Westends. Wir blicken hinaus auf die andere Straßenseite in eine gigantische Baugrube. Dort stand früher, vor dem Krieg, die Villa der Familie Gontard, bei der Hölderlin Hauslehrer war. Ein holländischer Konzern errichtet an dieser Stelle ein neues Bürohochaus. »Der Müll, die Stadt und der Tod«, sagt Braun, »das geht ja ununterbrochen weiter.«

Rühles Versuch, das Stück zu spielen, sei nunmehr der achte. 1975 hatte Fassbinder es geschrieben. Damals war er Leiter des »Theaters am Turm«. Die Aufführung scheiterte an den Mitbestimmungsstreitigkeiten im Ensemble. Es scheiterten zwei weitere Versuche am Städtischen Schauspiel unter der Intendanz von Peter Palitzsch. Es scheiterte ein vierter Versuch von Palitzsch selber. Es scheiterten Wilfried Minks und Johannes Schaaf, es scheiterte Adolf Dresen, und im vergangenen Jahr scheiterte Ulrich Schwab, der Chef der Alten Oper, und wurde gekündigt. »Jetzt muß man das Stück spielen«, sagt Karlheinz Braun.

Muß man das? Darf man das? Ist es heute, vierzig Jahre nach Auschwitz, in Deutschland erlaubt, eine jüdische Negativfigur auf die Bühne zu stellen? 1976 schrieb der *Jüdische Pressedienst:* »Niemand sollte darüber erstaunt sein, daß wir Autoren wie Fassbinder, Verleger, die solche Stücke erscheinen lassen, und Theaterdirektoren, die dergleichen womöglich in ihre Spielpläne aufnehmen, nicht anders beurteilen als jene, die in der Vergangenheit furchtbares Unheil vorbereiten halfen.« Es sei »eine falsche Annahme, daß es bereits heute wieder möglich sein müsse, eine objektive Haltung zur Judenfrage und damit auch zu den negativen jüdischen Typen zu gewinnen; ja, daß sich die Unvoreingenommenheit gerade darin manifestiere, daß man es wieder wagen könne, Juden auch als abscheulich ins Rampenlicht zu stellen«. Der *Jüdische Pressedienst* nennt dies einen »verhängnisvollen Fehlschluß«.

Mir scheint, das ist ein Fehlschluß. Er führt zwangsläufig zu einem Denkverbot, was das Thema Juden betrifft. Über etwas nachzudenken und zu diskutieren, setzt die Erlaubnis voraus, auch das Negative denken und sagen zu können. Wenn über Juden nur Gutes gesagt werden darf, dann heißt das logischerweise, daß über sie nichts wirklich gesagt wird. Das war auch bislang der Fall. Es führte zu jenem Philosemitismus, der nichts bewirkt hat außer der Beruhigung eines schlechten Gewissens.

Das Denkverbot fiel lange niemandem auf. Da es nach 1945 in Deutschland so gut wie keine Juden mehr gab, entfiel der Zwang, sich mit dem Thema konkret auseinanderzusetzen. Das änderte sich mit dem Antizionismus der Linken. Bis zum

»Sechs-Tage-Krieg« 1967 war die deutsche Linke dezidiert israelfreundlich gewesen. Zwischen dem SDS und den »Deutsch-Israelischen Studiengruppen« gab es enge personelle Verflechtungen. Im Zusammenhang mit der Imperialismustheorie jedoch und einer wachsenden Kritik an der Rolle Amerikas sah die deutsche Linke in Israel den Vorposten imperialistischer Hegemonie, und die Palästinenser waren in ihren Augen die Entrechteten.

Als der Suhrkamp Verlag 1976 Fassbinders Stück publizierte, behauptete Joachim Fest in der *Frankfurter Allgemeinen Zeitung,* der linke Antizionismus sei in Wahrheit ein linker Antisemitismus, von dem seine Verfechter fälschlich dächten, er habe mit dem Judenhaß des Dritten Reiches nichts zu schaffen. »Das macht dem linken Antisemitismus das gute Gewissen.«

Der Begriff »Linksfaschismus«, schrieb Fest damals, sei bislang meist im polemischen und jedenfalls ungenauen Sinn verwendet worden. Der Fall Fassbinder jedoch decke die Sache, die mit »Linksfaschismus« gemeint sei, aufs exakteste. Damit war die Kampagne gegen das Stück eröffnet.

Der Historiker und Hitler-Biograph Joachim Fest ist seit Ende 1973 Mitherausgeber der *FAZ.* Bis Anfang dieses Jahres war Günther Rühle, nunmehr Intendant des Städtischen Schauspiels, Chef des Feuilletons unter Joachim Fest. Die Konstellation ist peinlich und wird von Fest auch so empfunden. Wir sitzen in seinem Redaktionszimmer im siebten Stock. Der Blick geht hinweg über die nordwestlichen Vororte Frankfurts bis hin zur Silhouette des Taunus. Die Wolkenkratzer der Banken, an denen überall in der Stadt das Auge sich fängt, sieht man hier nicht.

»Ich habe Rühle gebeten, das Stück nicht zu spielen«, sagt Fest, »ich habe ihn gewarnt: Wenn Sie es machen, dann muß ich in der *FAZ* gegen Sie schreiben.« Bislang sei die Zeitung überaus zurückhaltend gewesen, aber nun, da Rühle von seinem Vorhaben nicht ablasse, müsse die *FAZ,* also er selber, nochmals dagegen Stellung nehmen. Auch nach zweiter Lektüre empfinde er Fassbinders Stück als »erbärmlich schlecht«.

Mit diesem Urteil steht Fest nicht allein. Nahezu alle, die gegen die Aufführung sind, halten das Stück für schlecht. Es ist nicht immer leicht auszumachen, was zuerst da war: das literarische oder das ideologische Urteil. Und erstaunlich kommt mir vor, wie viele Leute, zu deren Angewohnheit es normalerweise nicht gehört, Theaterstücke zu lesen und zu beurteilen, plötzlich ganz sicher sind, »Der Müll, die Stadt und der Tod« tauge nichts.

Der Theaterkritiker Joachim Kaiser schrieb damals in der *Süddeutschen Zeitung:* »Es ist ein aus Angriffslust, Phantasie, surrealistischen und spätexpressionistischen Einsprengseln bestehendes, überhaupt nicht realistisches oder vernünftiges oder gar psychologisches Dokument wilder Verstörung, heftigsten Hasses auf alles und jeden.« Dies sei »kein Nebenwerk, sondern eins von Fassbinders aufregendsten, verstörendsten Stükken«.

Der Regisseur Peter Zadek befand kürzlich in der *Zeit,* das Stück sei »eines der schwächsten von Fassbinder« und natürlich antisemitisch, gerade deshalb müsse es aufgeführt werden. Diese Position in dem ganzen Streit war die einzige, die bislang noch niemand eingenommen hatte, und vermutlich deshalb entschied sich Zadek für die bizarre Argumentation.

Tatsache ist, daß Fassbinders Stück ein böser, brutaler Bilderbogen ist, der die Figuren nicht entwickelt, nicht ihre Motivationen zeigt, sondern der sich gefällt in einer Orgie manchmal pubertärer Wut. Aber das Stück hat, trotz aller Schwächen, eine Intensität, die einiges aufzurühren vermag an Ängsten, Vorurteilen, unterdrückten Gefühlen, und es wirft ein grelles Licht auf jenen Sumpf, den es, was niemand bezweifelt, in Frankfurt auch gibt.

Wer die Rezensionen des langjährigen Theaterkritikers der *FAZ* Günther Rühle in Erinnerung hat, wird sich über seine Entscheidung für Fassbinder nicht allzu sehr wundern. Denn das Theater war und ist für Rühle vor allem eine moralische Anstalt; was sich in der Gesellschaft an Zündstoff angesammelt hat, wird hier zur theatralischen Explosion gebracht. Für ihn war nie so sehr die literarische als vielmehr die existentielle und expressive Qualität eines Theatertextes entscheidend. Und die hat Fassbinders Stück zweifellos.

Aber um die Frage, wie gut das Stück eigentlich sei, geht es längst nicht mehr. Es geht darum, ob die Stadt diese Zumutung ertragen kann oder soll.

Ich frage Joachim Fest, ob er eine Antisemitismusdiskussion für notwendig halte. »Wenn man gar keine anderen Sorgen hat...« Es gebe in Deutschland nicht wirklich einen Antisemitismus, verglichen mit Österreich oder Frankreich. Aber weshalb soll dann Fassbinders Stück gefährlich sein? »Die Vorstellung, das Stück habe eine kathartische Funktion, ist der pure Wahnwitz. Es emotionalisiert ja nur, und es verletzt die Gefühle der Juden.« Jüdische Mitbürger hätten ihm von Angstträumen berichtet, einer habe beschlossen, seinen Sohn in England studieren zu lassen. Sicherlich sei das eine hysterische Reaktion, aber wer habe das Recht, sich über solche Ängste hinwegzusetzen? »Ich verstehe Rühle nicht. Es ist unmenschlich, das zu tun. Jetzt noch könnte er davon zurücktreten, aber wahrscheinlich will er sein Gesicht nicht verlieren. Das ist das Argument aller schwachen Leute.«

»Der Rühle wird seine Probleme kriegen«, sagt Tom Koenigs, Mitglied der »Grünen« im Stadtparlament. Inmitten des mit Regalen, Bett und Schreibtisch vollgestopften Altbauzimmers plätschert ein »Feuchtbiotop«, ein aus Steinen aufgeschichtetes Becken, das mit einer wasserdichten Plane ausgekleidet ist und in dem sich ein Fisch verstecken soll, den ich aber nicht ausfindig machen kann. Darüber breiten sich die mächtigen Fächer einer Kentia-Palme.

Koenigs erzählt von der Plenarsitzung am 12. September 1985, als Wallmann erneut seine massiven Einwände gegen Stück und Aufführung vortrug, zugleich aber an der Auffassung festhielt, Zensur dürfe nicht stattfinden. »Wie immer wandelte Wallmann über den Wassern«, spottet Koenigs. Nur einmal, als er davon gesprochen habe, das Stück zeichne »den reichen Juden in einem Umfeld von Zuhältern, Dirnen, korrupten, zwei Morde vertuschenden Polizeibeamten, Homosexuellen, Transvestiten und Schlägern«, da sei seine Stimme, aus Empörung vor so viel Schmutz, umgeschlagen.

In der Tat: das Milieu, das Fassbinder darstellt, ist ziemlich genau jenes, das im Frankfurter Bahnhofsviertel vorherrscht und das Wallmann, um die Stadt vom Schandfleck zu befreien, beseitigen will. Auch Fest hatte seinerzeit zugegeben: »Zweifellos gibt es in dieser Stadt ein organisiertes Ganoventum jüdischer Herkunft, nicht anders als ein jugoslawisches, türkisches und vor allem, natürlich, ein deutsches.« Dieses Ganoventum, in all seiner Grobheit, schildert Fassbinder auf grobe Weise. Verständlich, daß diejenigen, die das neue, schöne Frankfurt errichten, mit Springbrunnen, Alter Oper und Römerberg-Rekonstruktion, sich ungern daran erinnert sehen.

»Alle hier haben Dreck am Stecken«, sagt Tom Koenigs, dem der ganze Streit eine Art Vergnügen zu bereiten scheint, »und jetzt wollen sie den Sack zumachen.« Gab es einen Antisemitismus in der Häuserkampfbewegung der linken Studenten? »Nein«, antwortet Koenigs, »aber es gab eine Unempfindlichkeit diesem Thema gegenüber. Wir waren ganz einfach unwissend, und es war uns egal.«

Er erzählt, wie man damals ein Plakat an die Zäune geheftet habe: auf dem waren die Köpfe Frankfurter Spekulanten, darunter auch Juden, abgebildet, und dabei stand der Satz aus der italienischen Lotta-Continua-Bewegung: »Die Schweine von heute sind die Schinken von morgen.« Einer der Betroffenen habe später dem linken Anwalt seine KZ-Nummer auf dem Arm gezeigt. Koenigs ist sehr ernst, als er zugibt: »Da war unsere Ignoranz zu weit gegangen.«

Ich frage ihn: »Soll man das Stück zeigen?« Er fragt zurück: »Hilft das Nichtaufführen gegen den Antisemitismus?« Es gebe die Bodenspekulation, das Bahnhofsviertel, die jüdischen Spekulanten. »Einer mußte die Rolle des Antisemiten spielen – das war Fassbinder.«

Fassbinder schrieb 1976 als Antwort auf Joachim Fest: »Die Juden sind seit 1945 in Deutschland tabuisiert, was am Ende zurückschlagen muß, denn Tabus führen dazu, daß das Tabuisierte, Dunkle, Geheimnisvolle Angst macht und endlich Gegner findet. (...) Und natürlich gibt es in diesem Stück auch Antisemiten, leider gibt es sie nicht nur in diesem Stück, sondern eben beispielsweise auch in Frankfurt.«

Wieviele sind es? Das möchte Daniel Cohn-Bendit gerne wissen. Wir treffen uns im Haus der von ihm herausgegebenen linken Stadtzeitung *Pflasterstrand*. Cohn-Bendit, Veteran des

Pariser Mai, einer der Hauptakteure der linken Szene in Frankfurt, ist Jude: »Wenn dieser Antisemit in Fassbinders Stück sagt: ›Sie haben vergessen, den reichen Juden zu vergasen‹ – dann möchte ich gerne wissen, wieviele klatschen.« Natürlich gebe es Antisemitismus, auch linken Antisemitismus. Er findet die Kritik an Fassbinders Stück verlogen. »Man will die Juden in Watte packen.« Daß es eine reale Angst unter Frankfurter Juden gebe, wolle er nicht leugnen. »Aber damit müssen sie sich auseinandersetzen.«

Müssen sie? Unter den fünftausend Juden in Frankfurt gibt es nur sehr wenige Frankfurter Juden. Die meisten sind aus dem Osten gekommen, haben auf ihrer Flucht Halt gemacht und sind einstweilen geblieben. Sie feiern ihre jüdischen Feste in New York oder Tel Aviv oder verborgen in der jüdischen Enklave Frankfurts. Sie sind, verglichen mit der ausgerotteten jüdischen Bourgeoisie Frankfurts, fremd in der Stadt. Sie sitzen, jedenfalls viele von ihnen, noch immer auf gepackten Koffern, und ihre Neigung, sich dem auszusetzen, was die Aufführung von Fassbinders Stück erzwingt, ist begreiflicherweise gering. Was ihnen angetan wurde, können sie nicht vergessen, und was ihnen jetzt angetan wird, macht ihnen Angst. Ich glaube allerdings, daß die gar nicht mehr zu besänftigen wäre, wenn man das Stück nicht aufführte. Denn die Gründe für diese Angst waren ja schon vor Fassbinder da. Nur hat man darüber geschwiegen. Und dies sollte inzwischen doch möglich sein: daß das Schweigen aufhört.

»Es rumort in der Stadt«, sagt Günther Rühle. Er wirkt überarbeitet und müde. Er sei, sagt er, doch überrascht gewesen von der Vehemenz der Diskussion. »Wir dachten, wir könnten das kleiner halten.« Ob er an der Richtigkeit seines Entschlusses gezweifelt habe? Bei manchen Beleidigungen habe er gedacht: »Mein Gott, steht das dafür.«

Rühle gibt sich einen Ruck und sagt dann: »Aber ich vertraue auf die Kraft der menschlichen Vernunft. Eine Stadt wie diese muß das ertragen können – eine Theaterfigur, die ja schließlich nur eine Theaterfigur ist und die besser ist als einige, die hier ihre Geschäfte machen.« Ich frage ihn: »Glauben Sie, daß der Aufklärungseffekt größer sein wird als der Verstörungseffekt?« Er antwortet: »Fassbinders Stück ist ja nicht aufklärerisch, sondern verstörend. Aber oft ist Verstörung viel wichtiger.«

Spät abends stehe ich am Fenster meines Hotels und sehe, was ich all die Tage in Frankfurt sah, ohne es wahrzunehmen: das himmelhohe Triumvirat der drei größten deutschen Banken. Selbst in der Nacht noch werfen sie ihre Schatten. Ja, eine Stadt wie diese muß Fassbinder aushalten.

1. November 1985

Beethoven. Roll over Beethoven. Roller-skating mit Beethoven

Über die Ästhetisierung des Boulevards und die Boulevardisierung der Ästhetik

Erst kommt die Arbeit, dann das Vergnügen. Wenn die Arbeit weniger wird, nimmt das Vergnügen zu. Die Woche hat 168 Stunden. Wer täglich acht Stunden schläft, dem bleiben 112. Davon gehen 40 Stunden Arbeit ab. Es bleiben 72 Stunden Freizeit. Was macht man damit? Man geht auf den Sportplatz, in den Schrebergarten, man wäscht das Auto, repariert den Staubsauger, geht spazieren. Aber all das ist nicht abendfüllend, macht die 72 Stunden nicht voll. Was geschieht mit dem Rest? Der Rest ist Kultur. Wir sehen »Dallas« und nehmen teil an der Fernsehkultur. Wir lesen und fördern die Lesekultur. Wir kochen, und schon sind wir Mitglied der kulinarischen Internationale. Wir kaufen einen Sessel und haben uns, ob wir wollen oder nicht, für eine Wohnkultur entschieden. Wir gehen ins Kino und begreifen: Was wäre die Kinokultur ohne uns?

Erst kommt das Vergnügen, dann die Arbeit. Die Kultur ist kein Rest. Sie ist total. Unser Alltag ist in ungeahntem Ausmaß ein Feld der Ästhetisierung geworden. Beweis dafür ist die wachsende Anzahl und die steigende Auflage jener Magazine, die auf dem Hochglanz ihrer Seiten eine Welt des schönen Müßiggangs ausbreiten. *Ambiente* und *Feinschmecker, Schöner wohnen* und *essen & trinken* sind kaum deshalb erfolgreich, weil sie praktische Handreichungen für die Bewältigung alltäglicher Kleinprobleme bieten, sondern vor allem, weil sie prächtige Inszenierungen vorführen, mit deren Hilfe wir jener Tristesse entkommen sollen, die mit der ewigen Wiederkehr des Gleichen verbunden ist.

Ein Frühstück ist kein Frühstück mehr, sondern eine raffinierte und zugleich angestrengte ästhetische Vergoldung jenes schlichten Vorgangs, der Nahrungsaufnahme und Sättigung heißt. Ein Stuhl ist kein Stuhl mehr, sondern die hölzerne Inkarnation von Geschmack und Kunstverstand. Daß man auf ihm sitzen kann, ist bloße Zugabe.

Und dann die Legion der Frauen- und Modezeitschriften, ob *Brigitte* oder *Nicole, Maxi* oder *Vogue* oder *Cosmopolitan,* deren Siegeszug die überwunden geglaubte Ansicht rehabilitiert, zuständig für die ästhetische Seite des Lebens sei die Frau. Die Zeitschriften handeln ja keineswegs nur von Mode, die ohnehin eine Kulturleistung ist, sondern sie betreiben eine Universalisierung des Ästhetischen, in der Konsum und Kunst, Werbung und Kultur elegant und nahtlos ineinander übergehen.

Während der Ehrgeiz altmodischer Verleger darin besteht, Anzeigenteil und redaktionellen Raum säuberlich zu trennen, bemühen sich diese Zeitschriften, den Unterschied optisch zu annullieren. Was Anzeige ist, was redaktionelle Abbildung, läßt sich kaum mehr unterscheiden, und folgerichtig enthalten die meisten Magazine ein Register der Inserenten.

Alle diese Zeitschriften pflegen einen ausgedehnten Kunst-Service. Die Hinweise auf neue Bücher und Schallplatten, auf Theaterereignisse, Filme und Konzerte verfahren nicht anders als die Modeempfehlungen und Kosmetiktips. Kritik im ursprünglichen Sinn des Wortes findet nicht statt, sondern frohgemute Affirmation.

Die Besonderheit oder gar Herausforderung von Kunst wird eingeebnet auf das Niveau von Konsumierbarkeit. Kunst ist Leben, und Leben ist Kunst. Ein Bericht über den Bestsellerautor Umberto Eco läßt sich aufs schönste mit einer Reportage über die Modemetropole Mailand verbinden, und Patrick Süskinds Roman »Das Parfüm« ist eine willkommene Gelegenheit, der Literatur und zugleich der Kosmetikbranche gerecht zu werden. Noch wirkungsvoller ist die Ästhetisierung der Lebenswelt in den Stadtillustrierten. *Tip* und *Zitty* in Berlin, *Szene, Tango* und *Oxmox* in Hamburg, *Guckloch* und *Marabo* im Ruhrgebiet – das sind wenige Beispiele jener unüberschaubaren Menge an Kulturmagazinen, deren Paradox darin besteht, daß sie einen Journalismus der Kennerschaft und des Jugendlichkeitsstils betreiben, der stets von neuem die Zugehörigkeit zu einer Gruppe oder Szene suggeriert, der zwischen den Bescheidwissern drinnen und den Ignoranten draußen eine fiktive Grenze zieht, der aber zugleich opportunistisch auf äußerste Marktkonformität aus ist.

Mit verschwörerischem Augenzwinkern verbreiten die Szeneprofis tausendfach ihre Geheimtips: Wo man neuerdings seinen Drink nimmt, welche Platten man zu hören hat, welche Theatergastspiele man sich nicht entgehen lassen darf. Die Stadtmagazine leben von den traditionellen Künsten, ob Malerei oder Musik, Film oder Theater, aber sie tun so, als hätten sie all das selber entdeckt, und ihr Rezensionsteil ist beherrscht vom Pathos der Unmittelbarkeit. Sie betreiben die Resteverwertung der Avantgarde und vermischen sie mit subkulturellen Relikten.

Die Magazine sind Feuilletons mit ermäßigtem Eintritt. An den Kunstwerken interessiert sie nicht die Kunst, sondern das Maß ihrer Verwertbarkeit, nicht der schwierige Kern, sondern der ästhetische Signalwert, der den Rezipienten als Angehörigen der Szene ausweist. Von diesem Erfolgsrezept will inzwischen *Tempo* profitieren, der mit hohem finanziellen Aufwand gestartete Versuch, den neuen ästhetischen Typus durchzusetzen.

Der neue ästhetische Typus, gekleidet in »Closed«-Jeans und einen »Armani«-Pullover, bevölkert die Vernissagen der schikken Galerien, die weißlackierten Neonbars und die Premieren der Kellertheater. Er sieht »Dallas«, besitzt den Fackel-Reprint von Zweitausendeins und die Wieland-Ausgabe von Greno, er hat einen Bausparvertrag, und über seinem Schreibtisch leuchtet eine italienische Halogenlampe.

Der neue Typus ist nicht mehr am klassischen Statussymbol interessiert. Er will nicht aussehen wie die, die Geld haben. Er ist von dem Wunsch beseelt, anders zu sein als alle anderen, und dies verbindet ihn mit Millionen seiner Zeitgenossen. Der Weg zu diesem Anders-Sein führt über die ästhetische Differenzierung. Sie wird dadurch erleichtert, daß es nicht mehr eine, sondern viele Moden gibt, nicht mehr eine, sondern viele

Kulturen. Man trägt Hosen mit Aufschlag oder ohne, weit geschnitten oder eng, Cord oder Flanell. Es gibt die Pop-Kultur und die Punk-Kultur, die Alternativ-Kultur und die subventionierte Staats-Kultur. Es gibt den Turnschuhträger, der mit seinem Walkman »Dire Straits« hört, den Mann im Smoking, der Aida abonniert. Alle haben sie teil an der Kultur, und die Kultur ist es, die ihnen Besonderheit, wenn auch eine fiktive, ermöglicht. Die einstige Opposition zwischen etablierter Kultur und Subkultur ist längst in eine Vielzahl paralleler Kulturen aufgesplittert. Die emphatische Bedeutung, die der Begriff »Underground« einmal hatte, ist verschwunden. Heute bedeutet er wirklich nur noch U-Bahn.

Die Differenzierung mittels Ästhetik ist an die Stelle des Statussymbols getreten. Dieses betonte die soziale Rangordnung durch materielle Werte. Einen Mercedes oder eine Rolex konnte sich nicht jedermann leisten. Heute sind die Rolex-Imitationen vom Original nicht zu unterscheiden, und ein Mercedes ist in Zeiten verbreiteten Wohlstands kein Klassenmerkmal mehr. Nicht jeder kann ihn bezahlen, aber es will ihn auch nicht jeder haben. Heute bilden sich Rangordnungen nach dem Maß der persönlichen Inszenierungskunst – eine Tatsache, die von der Werbung längst begriffen und genutzt worden ist. Sie prunkt nicht mehr mit dem Statussymbol, sondern sie verwertet die ästhetischen Innovationen der Künste.

Die wachsende Freizeit allein könnte die Ästhetisierung des Alltags nicht bewirken. Die 72 Stunden wären ja durch andere Aktivitäten, sei es Sport oder Politik, leicht zu füllen. Das weite Gelände der Kultur jedoch, ob es nun die Salzburger Festspiele, das Jazz-Festival in Moers oder der Punk-Schuppen in Altona sind, erlaubt durch seine Vielzahl von Inszenierungsangeboten eine scheinbare Individualisierung. Private Sehnsüchte, präformierte Träume werden vage bestätigt, ohne daß einklagbare Folgen oder Verantwortlichkeiten entstünden.

Wir reden oft vom Sinndefizit in der modernen Industriegesellschaft. Das Sinndefizit aber drückt sich gerade darin aus, daß es eine fast beliebig vermehrbare Menge von Sinn gibt. Und weil infolgedessen der je einzelne Sinn seine definitorische Schärfe und seinen beschreibbaren moralischen Anspruch verliert, eröffnet die Ästhetisierung ein verlockendes Feld, auf dem jedermann scheinbar nach Belieben eigene Interpretationen und Setzungen vornehmen kann.

Auf diese Entwicklung hat kürzlich der Philosoph Rüdiger Bubner hingewiesen. In seinem Aufsatz »Moderne Ersatzfunktionen des Ästhetischen – Lebensversöhnung durch Kunst«, erschienen im *Merkur,* Februar 1986, klagt er darüber, daß »Künstler und Sophisten Zauberer sind, die mit der gekonnten Demonstration variabler Weltsichten triumphieren«. Die klassische Wahrheitsfrage der Philosophie, die darauf beharrt, zwischen Schein und Nicht-Schein zu unterscheiden, wird von den Künsten dadurch unterlaufen, daß sie eben diese Antinomie aufheben.

Bubner schreibt: »Angesichts ungewisser Problemlagen äußert sich die betörende Natur alles Ästhetischen ganz allgemein darin, durch Übertragung in ein anderes Feld Befreiung vom Druck der aktuellen Schwierigkeit zu bereiten. Ästhetisierung entspannt, nicht weil dies die jeweils angemessene sachliche Lösung der Fragen wäre, sondern weil einfach ein flexibles Medium bereitsteht, die Dinge in Suspens zu nehmen.«

Lassen wir dahingestellt, ob diese Wiederaufbereitung des platonischen Verdachts gegen die Kunst haltbar ist; ob Bubners Zuversicht, die praktische Philosophie zeige »durchaus rationale Wege, auf den historischen Verlust etablierter Normensicherheit zu reagieren«, nicht allzu optimistisch ist. Davon abgesehen gibt Bubners Diagnose eine Erklärung (neben anderen ebenfalls möglichen) für den Ästhetisierungsschub der fortgeschrittenen Industriegesellschaft. Die wachsende Informationsmasse weckt ja selbst in einem mäßig sensiblen Zeitgenossen das Gefühl, einem immer komplizierteren System ungelöster, unbeantwortbarer Fragen ausgesetzt zu sein. Zwar ist es klar, daß er für die Minderung des allgemeinen Problemdrucks kaum zuständig, geschweige denn kompetent ist, gleichwohl kann er sich ihm nicht entziehen.

Einen Ausweg eröffnet die Welt des ästhetischen Scheins, die als ein permanentes Als-ob funktioniert. Kunst ist aber, wie Bubner in aller Schärfe feststellt, Nicht-Wirklichkeit. Und die Auseinandersetzung, in die sie ihre Rezipienten hineinzieht, ist eine fiktive, die allenfalls Minderung oder Aufschub schenkt, aber nicht die wirkliche Lösung der Probleme, von denen ohnehin stillschweigend angenommen wird, daß sie nicht lösbar sind.

So entsteht also ein wachsender und inzwischen gigantischer kollektiver Bedarf nach Kultur gleich welcher Qualität, eine kaum stillbare Nachfrage nicht bloß nach Trivialkultur wie Unterhaltungsmusik oder Showbusiness, sondern ebensosehr nach wirklicher Kunst. Der Fundus der überlieferten Werke wird gnadenlos ausgeschlachtet. Klassiker-Ausgaben und Schallplatteneditionen überschwemmen den unersättlichen Markt. An den Eingangstüren der Kunsthallen bilden sich Schlangen, und selbst zweitrangige Museen ziehen mehr Besucher an als die Fußballstadien. Die Gemälde bekannter Meister sind häufiger in Speditionsfahrzeugen unterwegs als an ihrem angestammten Ort. Vor allem aber gieren die Verwertungsapparate nach Stoff, mit dem sie ihren Betrieb füllen. Jene 220 Millionen Mark, mit denen die ARD in Hollywood Filmrechte kaufte, sind nur ein Bruchteil dessen, was die öffentlichen und nunmehr auch die privaten Sender in Kultur investieren. Den deutschen Film beispielsweise gäbe es ohne sie nicht. ARD und ZDF gaben 1984 bis 1986 insgesamt 45 Millionen Mark für Filmförderung aus. Aber wir hätten auch bedeutend weniger Schriftsteller, Musiker, Komponisten ohne die indirekte Subvention der Rundfunkanstalten. Vom Hörspiel argwöhnte bereits vor Jahren der Schriftsteller Hartmut Lange, es sei keine literarische Gattung, sondern bloß eine Honorarfunktion. Das deutsche Musikleben wäre ohne die Rundfunkorchester und ohne die pausenlose Rechteverwertung in den Musikprogrammen kaum die Hälfte wert. Und ohne die direkte Subvention durch die öffentlichen Haushalte wäre das kulturelle Leben, wie wir es gewohnt sind, überhaupt nicht vorhanden.

Das »Statistische Jahrbuch 1985« verzeichnet 273 öffentliche Theater mit insgesamt 156967 Plätzen, die mit 1,6 Milliarden Mark jährlich subventioniert werden; 1560 Museen mit 52 Millionen Besuchern jährlich. Der Kulturetat von Bund, Ländern und Gemeinden betrug 1980 mehr als vier Milliarden Mark. Das »Handbuch der Kulturpreise« von Karla Fohrbeck und

Andreas Johannes Wiesand spricht von rund 6500 Kulturpreisen, die mit 29 Millionen Mark dotiert sind. Die Zahlen stammen von 1978 und sind heute mit Sicherheit höher. Fohrbeck und Wiesand schätzen in ihrem Vorwort den Gesamtumsatz des Kunst- und Medienmarktes auf 30 Milliarden Mark jährlich.

Zahlen, Zahlen. Was sie nicht beweisen, beweist ein Blick auf die Kulturpolitik der Städte. Jede Kreisstadt hat ihren Kulturdezernenten, jeder Kulturdezernent trachtet danach, ein neues Museum einzuweihen, ein Stadtschreiberamt zu stiften, einen Kulturpreis auszuschreiben, »Begegnungen« und »Gespräche« aller Art anzuzetteln.

Die Kulturpolitik verleiht den Städten ein interessantes und freundliches geistiges Ambiente, das dazu dienen muß, das reale Ambiente zu verschönern. München, Stuttgart, Frankfurt, Köln, Düsseldorf, Berlin suchen einander in der Errichtung prächtiger Museen zu übertreffen. Selbst wo dafür das Geld nicht reicht, langt es doch allemal, freie Theatergruppen, Jugendzentren, Galerien und kulturelle Klein-Initiativen am Leben zu erhalten. All dies nährt, mal recht, mal schlecht, seinen Mann, zuerst natürlich die Kulturfunktionäre, dann auch die Künstler, Produzenten und Interpreten.

Erst kommt das Vergnügen, dann die Arbeit. Das Vergnügen ist eine Arbeit geworden, deren Anteil an der gesellschaftlichen Gesamtproduktivität schon deshalb unterschätzt wird, weil er sich neben den üblichen Marktmechanismen etabliert hat und schwer zu errechnen ist.

Es steht jedenfalls fest, daß sich die Kulturindustrie in einem monströsen Wachstum befindet. Monströs ist es deshalb, weil das Maß der Verwertung nicht mehr der wirklich vorhandenen Kreativität entspricht. Diese ist ja nicht beliebig vermehrbar. Gewachsen sind aber der Bedarf, der Umsatz und die Reproduktion.

Anläßlich der Eröffnung der Frankfurter »Kulturschirn« bemerkte der Kritiker Peter Iden in der *Frankfurter Rundschau,* inzwischen habe die Stadt eine derartige Menge an Museen und Ausstellungsräumen, daß man fragen müsse: »Gibt es so viele Produzenten, deren Ergebnisse wirklich auch veröffentlicht werden sollten? Nein. Also dürfen auch die, die wenig oder nichts mitzuteilen haben. Das ist nett und menschenfreundlich, aber der Qualitätspegel fällt. Eine Kultur ist lebendig nicht durch ihre Vielteiligkeit, sondern zuerst durch den Rang der Äußerungen. Kunst braucht Ruhe und Konzentration, sie kann, ihrer Natur nach, gar nicht zum alltäglichen Divertimento werden, wie manche Manager sich das denken.« Am Ende seiner Glosse gibt Iden die wahrhaft revolutionäre Anregung: »So mag das neue Kulturhaus ruhig auch mal leerstehen.«

Ja, wenn das doch ginge! Aber es geht nicht, weil der Kulturbetrieb eine zeitgemäß komplizierte Variante des alten Prinzips »Brot und Spiele« darstellt. Der Kulturbetrieb ist eine emotionale Serviceleistung, er ist der psychosoziale Reparaturbetrieb der modernen, von Sinn- und Legitimitätsfragen geplagten Freizeitgesellschaft. Von Beethoven zum Roll over Beethoven bis zum Rollerskating mit Beethoven spannt sich das Netz der Boulevardisierung der Ästhetik und der Ästhetisierung der Boulevards. »Es scheint mir eine Tatsache zu sein, die wenig anerkannt ist«, schrieb Gottfried Benn 1927, »daß es sehr viel weniger produktive Substanz in einem Zeitabschnitt gibt, als im allgemeinen angenommen wird. Ferner, daß Kunst viel seltener ist, als es scheint.« Das ist das eine. Der Begriff Kunstförderung enthält das Mißverständnis, man könne Kunst im Tagebau fördern wie Braunkohle. Von der weiß man ungefähr, wie viel vorhanden ist. Den Vorrat an Kunst kennt keiner. Daran jedoch ist der Markt nicht wirklich interessiert. Er fördert auch dort etwas ans Licht der Öffentlichkeit, wo gar nichts ist. Er macht aus Null Millionen.

Etwas zweites aber folgt daraus: Die Wahrnehmung, die Erfahrung von Kunst verändert sich. Wo ursprünglich zwei Individuen, der Leser und der Autor, der Betrachter und der Maler, heftig aneinandergerieten und diese Begegnung ein bildendes, veränderndes Erlebnis versprach, sind wir heute einem kulturellen Sperrfeuer ausgesetzt, das uns kaum zur Besinnung kommen läßt.

»Ich fing auch in jener Zeit an, das Theater zuweilen zu besuchen. Der Vater hatte, solange wir Kinder waren, nie erlaubt, daß wir ein Schauspiel zu sehen bekämen. Er sagte, es würde dadurch die Einbildungskraft der Kinder überreizt und überstürzt, sie behingen sich mit allerlei willkürlichen Gefühlen und gerieten dann in Begierden oder gar Leidenschaften.« Heinrich Drendorf, der Held von Stifters Roman »Der Nachsommer«, sieht im Burgtheater den »König Lear«. Auf dem Höhepunkt des Dramas widerfährt ihm dies: »Mein Herz war in dem Augenblicke gleichsam zermalmt, ich wußte mich vor Schmerz kaum mehr zu fassen. Das hatte ich nicht geahnt, von einem Schauspiel war schon längst keine Rede mehr, das war die wirklichste Wirklichkeit vor mir.«

Die Kunst, so lautet die Botschaft Stifters, ist wirklicher als die Wirklichkeit. Das Programm, das er faszinierend umständlich und sorgfältig entwirft, ist die Ästhetisierung der Wirklichkeit, was für ihn bedeutet: die Verschönerung und Veredelung des Lebens durch die Kunst. Wer den Roman genau liest, erkennt allerdings auch den Preis, den die Ästhetisierung kostet: Es sind die Begierden und Leidenschaften, es ist das Leben selber, das dabei verlorengeht.

Über Stifter sind wir hinaus. Kultur ja bitte, aber ohne Kosten und ohne Folgen. Morgens weckt uns der Radiowecker mit Vivaldi, beim Frühstück lesen wir den Fortsetzungsroman, im Auto hören wir Peter Maffay, in der Mittagspause lesen wir die Magazine mit den neuesten Mode- und Kulturtips, abends sehen wir Rudi Carrell und Hitchcock und »König Lear«, und die 72 Stunden werden und werden nicht voll.

18. April 1986

Der berühmte Sohn
Über Golo Mann

Kilchberg, Alte Landstraße 39. Das Haus altersgrau und schwer, die Farben verblaßt. Er wirkt nicht sehr einladend, wie unbewohnt. An der niedrigen Gartentür, die sich leicht öffnen läßt, findet sich kein Name. Das Anwesen sieht nicht vernachlässigt aus, aber so, als werde es selten benutzt. Neben der Haustür schließlich, kaum erkennbar, ein stumpf gewordenes, etwas grünspaniges Messingschild, auf dem man, wenn man sich bückt, die Buchstaben »Thomas Mann« entziffern kann.

Golo Mann öffnet. Ob ich gut hergefunden habe? Durch einen gänzlich dunklen, hallenartigen Vorraum führt er mich in ein Zimmer mit halbrundem Erker. Wo man auch hinsieht, liegt der See. In der Ferne Zürich, etwas unscharf der schwülen, plötzlich sommerlichen Witterung wegen. Auf dem Wasser stehen fast unbewegt Segelboote. Zwischen ihnen zieht das Linienschiff von Wollishofen nach Küsnacht hinüber eine Wellenspur.

»Sie wollen also über mich schreiben«, sagt Golo Mann, und es klingt erstaunt. Ich erkläre, wie es zu dieser Idee kam. Anlaß war sein Plädoyer für Franz Josef Strauß. Er sei der bessere Mann, hatte er damals vorm Bundestagswahlkampf gesagt und in der *Bild*-Zeitung geschrieben: »Ich glaube, daß wir nun für eine Zeit genug ›demokratischen Sozialismus‹ haben und daß in den kommenden Jahren verdaut werden muß, was elf Jahre lang verspeist wurde.« Ich rätselte damals, wer welchen demokratischen Sozialismus verspeist habe, und ich fragte mich, weshalb ein so gebildeter und subtiler Mensch wie Golo Mann ausgerechnet auf Strauß verfallen konnte. Sicher, es gab Gründe, die Koalition und Schmidt für verbraucht zu halten und einen demokratischen Wechsel zu wünschen, aber Golo Mann hatte ja weit mehr gewollt: nicht irgendeinen anderen, nicht Kohl oder wen sonst, sondern just Strauß.

Das war ernstgemeint und konnte nicht gutgehen. Die Springer-Presse schlachtete das überraschende Votum des »berühmten Sohnes eines berühmten Vaters« (wie sie schrieb) weidlich aus, und die CSU zog Golo Mann hemdsärmelig in ihren Wahlkampf. Er schien davon überrumpelt, distanzierte sich halb von seinem Kandidaten und bot in allem das Bild eines etwas weltfremden, gutmeinenden konservativen Professors, der sich in die Politik verstrickt sieht.

Als ich die Rede auf Strauß bringe, sagt Golo Mann, mit einer wegwerfenden und fast heiteren Handbewegung zum See hinaus, der Mann sei doch ganz unwichtig. Ihn habe die Hetzkampagne gegen Strauß sehr geärgert, deshalb habe er sich engagiert. Wir sitzen einander halb gegenüber, die Sessel schräg mit Blick zum See, unter uns die weißen Segel, auf der anderen Seite grüne Hügel mit buntem Villengewirr.

Er gibt sich keine große Mühe, seine damalige Wahlkampfhilfe zu begründen. Strauß sei unterschätzt worden, er sei intelligent, kenntnisreich, und im übrigen sehe man jetzt, wie verbraucht Schmidt in der Tat sei. Dazu fällt mir keine Erwiderung ein, und da auch ich plötzlich das Gefühl habe, das Thema Strauß sei nun wirklich passé, wenden wir uns, beide irgendwie erleichtert, Wichtigerem zu.

Was heißt konservativ?, will ich wissen. Denn Golo Mann, scheint mir, ist einer der wenigen wirklich Konservativen unserer Zeit. Natürlich gibt es eine starke konservative Grundströmung, und sicherlich denkt die Mehrheit heute mehr oder weniger konservativ. Aber dort, wo sich dieses Denken formuliert, in den Parteien etwa, ist es bloß scheinkonservativ, ist es technokratisch-opportunistisch. Wären die Unionsparteien wirklich konservativ, müßten sie natürlich gegen Kernkraft und Umweltzerstörung sein. Wenn es, politisch gesehen, irgendwo Konservative gibt, dann am ehesten in der SPD, die gespalten ist in die Wertkonservativen à la Eppler und die für Besitzstandswahrung eintretenden Strukturkonservativen. Unter den Literaten und Intellektuellen jedoch sind, von einer Handvoll abgesehen, keine wirklich konservativen Geister. Es gibt keine nennenswerte konservative Theorie, die eine Auseinandersetzung lohnte. Und keiner von den wenigen prominenten Konservativen hat sich für Strauß stark gemacht.

Ausgenommen Golo Mann. Hält er sich für konservativ? Er zögert mit der Antwort. Nachdenklich fragt er zurück: »Muß man sich was nennen?« Und später sagt er: »Ich glaube gar nicht so sehr an Begriffe und Namen.« In seiner »Deutschen Geschichte des 19. und 20. Jahrhunderts« schreibt Golo Mann über die Konservativen im Preußen des Vormärz. Sie hatten keine politische Philosophie. »Es war einfacher Glaube, gewordener Instinkt ... Es verstand sich denen von selbst, die sich daran hielten. Im Grunde muß ja konservativer Geist sich von selbst verstehen. Zur bewußten, entwickelten Philosophie kann er erst werden, wenn er in Zweifel gezogen wird und sich verteidigen muß.«

Das leuchtet ein. Aber wenn es so ist, dann ist der Konservatismus heute ebenfalls »einfacher Glaube«, »Instinkt«, denn eine entwickelte Philosophie scheint es nicht zu geben. Vielleicht hängt dies mit der Theoriefeindlichkeit der Konservativen zusammen. Wer Macht über die Praxis hat, ist Feind der Theorie. (Die Linke ist immer theoriestark gewesen.) Golo Mann hält im Grunde nichts von Theorie. Vor zwei Jahren ließ er sich auf eine Auseinandersetzung mit jüngeren Historikern ein und sagte: »Ich glaube an die ganze Theoriebedürftigkeit der Geschichte nicht. Die Historie (er meint damit: die Historiographie) ist eine Kunst, die auf Kenntnissen beruht, und weiter ist sie gar nichts.«

Dennoch frage ich nochmals: Was heißt für Golo Mann »konservativ« (denn konservativ ist er ja fraglos, das will er auch gar nicht bestreiten). »Das ist«, sagt er nun, »eine Sache des Temperaments, des Stils, des Gefühls.« Und nach einer Pause des Nachdenkens nennt er (versuchsweise fast) konservative Grundüberzeugungen: daß man des Schutzes der Vergangenheit bedürfe; daß jede Wandlung Gewinne und Verluste bringe, daß das konservative Temperament mehr unter den Verlusten leide und folglich Veränderungen mißtraue; schließlich, daß er eine tiefe Skepsis gegenüber der Natur des Menschen empfinde. »Der Mensch ist aus krummem Holz geschnitzt«, sagt Golo Mann.

Zu solcher Skepsis kommt leicht, wer sich mit Geschichte, zumal der deutschen befaßt. Eine Serie von Kriegen, Niederlagen, von Machtgier, Brutalität, Dummheit. Das Glück des einzelnen, das dennoch immer wieder vorkam, ist nicht Thema der Historiographie. Die Perioden des Glücks in der Weltgeschichte sind, bemerkt Hegel, »die leeren Blätter in ihr«.

Man könnte depressiv werden, wenn man sich lange mit Geschichte befasse, sage ich zu Golo Mann. Die Frage ist eine Spur zu direkt. Er weicht aus und entgegnet, daran müsse man sich gewöhnen. Auch zeige die Geschichte ja viel Schönes. Auf dem Jüdischen Weltkongreß in Brüssel 1966 sagte er in einem Vortrag: »Ich weiß nicht, ob ich zu sehr viel Lebensfreude überhaupt bestimmt war. Aber ich weiß, daß das Maß an Lebensfreude, das ich je besaß, durch die Erfahrungen der dreißiger und vierziger Jahre, vor allem eben durch den Judenmord, sehr stark reduziert wurde und immer reduziert bleiben wird.«

Golo Mann ist kein Misanthrop, aber das, was er auf seine abwägende und abgewogene Art »Skepsis gegenüber der Natur des Menschen« nennt, zieht sich durch sein ganzes Werk. Wie soll auch einer zu optimistischerem Glauben kommen, der so wie er den Dreißigjährigen Krieg kennt, studiert, beschrieben hat? In seinem »Wallenstein« steckt viel Melancholie:

»Als er (Wallenstein mit 50000 Landsknechten) über Hersfeld Göttingen sich näherte, kam er in fremdes Land, Niederdeutschland, grün, weit und schön. (...) Welche von Menschen bewohnte Region wäre nicht schön auf ihre Art? Sie lassen sich nur da nieder, wo es heimelig ist oder durch ihre Arbeit werden kann: Städte mit Mauern und Zinnen, Burgen von Wasser umgeben, Wallfahrtskirchen, Klöster, Gutshöfe. Aber was sie bauen, das verwüsten, zerstören, verbrennen sie auch wieder; und wissen nicht warum.«

Der zur Objektivität gehärtete Zynismus des Historikers fehlt Golo Mann. Trauer befällt ihn. Politik ist ein schmutziges Geschäft. Er ist davon überzeugt, so heißt es in der »Deutschen Geschichte«, »daß in der Politik die wenigsten Leute ›gut‹ sind oder gut sein können«. Und an anderer Stelle findet er, daß auf Menschen kein Verlaß sei.

Öfter in seinen Schriften fällt mir dieses fast naive, erschreckte Erstaunen auf, diese nicht nachlassende, gelegentlich rührende, immer aber glaubhafte Beeindruckbarkeit angesichts der Abgründe der Geschichte. Da ist er oft auch ein bißchen verzweifelt, verzagt und flieht in seine Lieblingsvokabel »ruchlos«. Ruchlos war Hitler, ruchlos war Adenauer, ruchlos alle großen Politiker. Ein altmodisches, ein ratloses Wort.

Er verstehe, sagt mir Golo Mann, und darauf halte er sich etwas zugute, mehr von Politik als Thomas Mann. (Er sagt immer »Thomas Mann«, nie »mein Vater«). Das mag sein, bedeutet wohl auch nicht viel. Zum Politiker aber, vermute ich, fehlt ihm die Mischung aus Kaltblütigkeit und gedanklicher Härte, das Denken in den Kalkülen der Macht. Eher ist er ein Schöngeist, ein nicht nur für heutige Verhältnisse horrend gebildeter und gescheiter Bürger, ein Nachkomme. Auch dies macht ihn einsam. (Wenn er nicht einschlafen könne, erzählt er mir später, rezitiere er sich Gedichte, am liebsten Heine, von dem er dreißig oder mehr auswendig wisse).

»Die sich konservativ nennen«, antwortet er, als ich ihn nach politischen Freunden frage, »sind mir mehr oder weniger ein Greuel. Ich traue ihnen nicht. Insofern habe ich kaum Gesinnungsgenossen.« Für militante Rechte wie Armin Mohler oder William S. Schlamm hat er nur fauchende Verachtung übrig. »Schlamm habe ich gehaßt.« Ich frage ihn nach Carl Schmitt (der ja noch lebt). Er konzediert ihm hohe Intelligenz und Geistesschärfe, aber er mag ihn nicht. Und er begründet das nicht, was naheläge, mit Schmitts theoretischen Zulieferungen an die Nazis, sondern sehr einfach und sehr sympathisch: Schmitt sei ein »schadenfroher« Denker. »Und das darf ein Konservativer nicht sein.« (Mir gefällt das Argument, obgleich mir scheint, daß der Schritt vom Denken zur Schadenfreude oft nur minimal ist. Aber vielleicht bestünde Größe darin, ihn nicht zu tun.) Respektvoll spricht Golo Mann nur von »meinem Lehrer Karl Jaspers«, bei dem er über Hegel promovierte. Respektlos über Heidegger. Der habe die Menschen geblendet und verwirrt. Golo Mann erinnert sich an Heideggers Antrittsvorlesung. »Er sah aus wie ein Reisender in Gummiartikeln.«

Immer noch stehen die weißen Segel auf dem See. Das Licht ist etwas schwächer geworden, die Farben blasser. Golo Mann steht auf und findet, es sei Zeit zum Essen. Mir fällt auf, daß er ziemlich klein von Statur ist. Er trägt eine bequeme Hose, dazu derbe Schuhe, als habe er eine Wanderung vor sich. Über seinen Bauch spannt sich eine fleckige, löchrige Weste. Sie sieht aus, als sei sie ihm beim Sitzen am Schreibtisch im Laufe der Jahre ebenso unentbehrlich geworden wie seine Tabakspfeife. Golo Mann verschwindet in der Küche. Er humpelt ein wenig beim Gehen. Ich trete ans Fenster. Die Gartenterrasse ist mit Kies bestreut und leer. Das Leben hier scheint sich gänzlich im Inneren des Hauses abzuspielen. Die Zimmer sehen auf angenehme Weise abgenutzt aus. Die Möbel, die Bücher, die Gemälde an den Wänden sind vermutlich wertvoll, aber man kommt nicht auf die Idee, sie für Antiquitäten zu halten. Es ist die Einrichtung einer traditionsmächtigen, selbstverständlichen Bürgerlichkeit, nicht die inszenierte, modisch zitierte der tonangebenden Wohnkultur.

Golo Mann ruft aus dem Nebenzimmer. Es gibt Hummercrème-Suppe, aus der Dose, aber etwas »aufgedoktert«, wie er nicht ohne Stolz erläutert, dazu eine Stange Weißbrot, die er auseinanderbricht, die Krümel weit über den Tisch streuend. Danach Roastbeef mit Salaten, zum Nachtisch Erdbeeren mit Crème fraîche. Das habe er alles selber eingekauft, sagt er. Ein trainierter Junggeselle. An seiner Seite hockt ein großer schwarzer Hund, schweigend, aber mit dringlichem Blick. Golo Mann wirft ihm ab und zu Brocken von seinem Teller hinab und tadelt ihn milde für seine Gier. Wir tragen das Geschirr zusammen in die Küche und setzen uns wieder in den Erker.

Es ist dämmrig geworden. Golo Mann holt sich seine Pfeife. Wir sprechen über Hitler. Es gebe Untaten, hat Golo Mann einmal bemerkt, denen könne man keinen Stil geben. Aber er hat ja doch über Hitler geschrieben. »Was sollte ich denn tun?«

entgegnete er. Aber die Sprache! Die Nazis sind »zu Teufeln gewordene Kleinbürger«, das Dritte Reich eine »Wahnsinnslumperei«, Hitler ein »Scheusal«, ein »Bösewicht«. Dies sind Vokabeln der Empörung, nicht der hilfreicheren Analyse.

Darauf entgegnet Golo Mann (heftig an seiner schon wieder erloschenen Pfeife ziehend) zweierlei: erstens habe er in seiner »Deutschen Geschichte« durchaus die Ursachen des Nationalsozialismus, das Gemisch von Hoffnungen, Irrationalismen und Machtinteressen analysiert. Zweitens sei eben Hitler, anders als Joachim Fest ihn beschreibe, einfach nicht vergleichbar mit anderen Größen der Weltgeschichte. »Einer der Krebsschäden unserer Zeit ist, daß sie keinen Sinn für Rangunterschiede mehr hat. Hitler war ein Popanz, ein grauenvoller Typ.« Golo Mann mißversteht mich. Ich wende mich gegen ein Vokabular, das, indem es Naturmetaphern verwendet, Hitler zum letztlich unerklärlichen Bösewicht macht, zum Fatum. Hat das nicht Wolfgang Fritz Haug 1967 treffend kritisiert, als er vom »hilflosen Antifaschismus« sprach?

Golo Mann gibt zu, daß er, wenn die Rede auf Hitler komme, öfter mit Schaum vor dem Munde schreibe. Wir können uns bei diesem Thema nicht einigen. Zudem muß ich innerlich eingestehen, daß die ganze notwendige Mühsal der Faschismustheorien nicht ausgereicht hat, das Kapitel restlos aufzuhellen. Und gehört nicht Golo Mann zu jenen letztlich beneidenswerten Menschen, die Antifaschisten aus purem Stilgefühl waren, zu jenen sensiblen Spätbürgern, die Hitler einfach nicht mochten, weil er ihnen zu vulgär war? Hilflos waren sie, aber das waren andere auch.

Ein zweites kommt hinzu. Golo Manns Geschichtsschreibung ist eher literarischer denn wissenschaftlicher Art. Das Analysieren tritt hinter dem Beschreiben und Verstehen zurück. Zu »verstehen« aber ist Hitler nicht, da versagt die narrative Methode. Denn »Erzählung« nennt er ja immer wieder sein Werk. Die Historiographie ist für ihn keine Wissenschaft. Wissenschaft handele von Gesetzmäßigkeit. »Geschichte ist einmalig, sie wiederholt sich nicht. Wo es aber keine Wiederholungen gibt, gibt es auch keine Gesetze.«

So erzählt er denn von den Menschen, wie sie früher waren

und handelten. Das kann er, wie kein deutscher Historiker gegenwärtig es kann. Mommsens »Römische Geschichte«, Ricarda Huchs »Großer Krieg in Deutschland« sind Vorbilder für ihn. »Geschichtliche Wirklichkeit«, schrieb er einmal, »kann nicht erschöpfend dargestellt werden. Man weiß vieles nicht.« Und an anderer Stelle: »Sinn und Ziel der Geschichte werden wir niemals kennen.« Er hält sich an das Aperçu, die Historie sei »ein wahrer Roman mit Lücken«, und er erläutert: »Roman, weil erzählt wird, wahr, weil nichts erfunden wird, mit Lücken, weil, was man nicht weiß, durch Erfundenes nicht ersetzt werden darf.« Dies steht in seinem »Versuch über Geschichtsschreibung«. Dort schreibt er auch, die Historiographie sei ein »wissenschaftliches Kunstwerk«, und er schwärmt von Flaubert.

Greift er da nicht nach den Weihen der Litaratur? Ich will ihn das nicht so unverblümt fragen, aber noch ehe ich darauf zusteuere, kommt er mir mit plötzlicher Offenheit zuvor: »Im Grunde bin ich ein verhinderter Erzähler. Ich will nicht sagen, es ist die Tragödie, aber es ist das Geheimnis meines Lebens, kein sehr schwer zu erratendes natürlich.« Und melancholisch fügt er hinzu: »Es gab ja genügend Schriftsteller in der Familie.«

Es ist ein Fluch, ewig nur der berühmte Sohn zu sein. Und ein oft nicht sehr geliebter Sohn. In seinen Tagebüchern schreibt Thomas Mann über den Jungen: »Der lügnerische Golo« oder: »Golo, mehr und mehr problematischer Natur, verlogen, unreinlich und hysterisch ...« Später, Anfang der dreißiger Jahre taucht immer der Refrain auf: »Golo mit dem Wagen«, hie und da jedoch fast erstaunte Notizen darüber, daß der Chauffeur auch geistige Gaben besitzt. »Gute politische Kenntnisse Golos« oder »gescheite Aufsätze von Golo« vermerkt er gönnerhaft. Erst in der amerikanischen Emigration wird Golo für Thomas Mann zum geachteten Gesprächspartner.

Vielleicht sind es diese zunehmend freundlichen Bemerkungen, die Golo Mann zu dem Satz veranlassen: »Als ich die Tagebücher las, habe ich gesehen, daß Thomas Mann eine Menge von mir gehalten hat.« Und immer noch erstaunt sagt er: »Ich wußte das gar nicht.« Immer noch wichtig ist für den alten Golo Mann das Urteil des übergroßen Vaters.

So wurde er also nicht Schriftsteller. Und doch ist er natürlich einer. Unübersehbar beweist das der »Wallenstein«, ein »wahrer Roman mit Lücken«. Über Wallensteins Feldzug gegen die Dänen 1627 heißt es: »Neuland, in das er kam, wohlhabendes, vom Krieg bisher unberührtes Land. Felder und Wiesen zum Horizont sich dehnend, die Kühe schwarzweiß, zerstreute Höfe, das gefächerte Strahlenspiel der Sonne hinter den Wolkenbänken. Hin und wieder schmale Zungen des Meeres. Wasserburgen und Herrenhäuser im italienischen Stil, Gruftplatten mit betenden Ahnfrauen, fast wie im Kirchlein zu Hermanitz. Des Herzogs Wagen rollend zwischen Birken und Büschen. Er sah es nicht, die blaue, braungoldene Pracht des Herbstes; der Kopf steckte ihm zu voll von Krieg und Politik.«

Das dichtet der Historiker Golo Mann. Er liebt seinen Wallenstein, diese so undurchschaubare, so finstere Natur. Einen Schwierigeren hätte er sich kaum aussuchen können. »Eben deshalb hab' ich's gemacht«, sagt er. Wie kam er darauf? Als Zehnjähriger las er Schillers »Dreißigjährigen Krieg«, seither ließ ihn Wallenstein nicht los. Er kämpfte um ihn offenbar sein Leben lang und suchte ihn zu ergründen. Ein Rätsel blieb er. Nach mehr als 500 Seiten stöhnt Golo Mann: »Darf man dem, womit man sich so emsig befaßt, denn gar nicht näherkommen, ganz nahe, so, daß man darinnen wäre, nicht ewig draußen?« Und er erfindet, in Wallensteins Worten, eine »Nachtphantasie«, befreit sich für wenige Seiten von den Zwängen der Historiographie, um sich mit literarischen Mitteln seinen Helden zu nähern.

Kurz darauf notiert er über Wallensteins Sternenglauben: »Allein, ein Wolf ohne Rudel, suchte Wallenstein die Hilfe, die er weder bei den Menschen noch bei Gott und seinen Engeln fand, bei den Planeten.« Mag sein, dies ist ein Selbstporträt, ein Wunschporträt, der Wolf ohne Rudel, allein mit sich selbst und seinen Dunkelheiten. Öfter taucht in Golo Manns Werk die Vokabel »männlich« auf. Er bewundert männliche Tatkraft, Entschiedenheit, Klarheit. Da bewundert der Intellektuelle den Täter, da bewundert die kontemplative Natur das entschlossene Temperament, der einsame Denker den einsamen Wolf.

Der »Wallenstein« ist ein großes, ein imponierendes Werk. Ein erfolgreiches außerdem. Und doch fühlt sich Golo Mann, habe ich den Eindruck, mißachtet. Als Schriftsteller mit allen Weihen literarischen Prestiges gilt er nicht, die Historiker ignorieren ihn, weil er zu gut schreibt und auf Fußnoten nichts hält. Die Fachliteratur diskutiert ihn nicht, die Schriftstellerkongresse laden ihn nicht ein. So mag dies der Grund sein, weshalb er Bestätigung und Wirkung sucht in Engagements unterhalb seines Niveaus. Ich kann mir nicht helfen, aber seine Leitartikel und Interviews in der Springer-Presse sind, ganz abgesehen von ihren politischen Inhalten, schwächliche und wichtigtuerische Einlassungen, und jene Rede, die er zum hundertjährigen Bestehen der »Degussa« hielt, hat auffällig flache Passagen. Es ist, als wolle er Thomas Mann, wenn schon nicht in der Literatur, wenigstens in der Politik übertreffen. Er hätte es nicht nötig. Aber auch dies gehört wohl zu dem, was er das »Geheimnis, nicht die Tragödie« seines Lebens nennt.

»Ich glaube«, sagt er nun plötzlich, »daß wir fürs erste unser Gespräch beenden. Sie vergessen, daß Sie mit einem 72jährigen alten Mann sprechen.« Ich hatte es in der Tat vergessen, so lebhaft und ausdauernd spricht er. Es ist nun schon so dunkel, daß ich meinen Notizblock kaum noch sehen kann. Am anderen Ufer die Lichter von Küsnacht. »Ich würde am liebsten das Essay-Schreiben sein lassen und mich ganz dem Schönen widmen.« Er schenkt mir zum Abschied einen Band mit Horaz-Gedichten, die er übersetzt hat. Mein Blick fällt auf jene Ode, die mit dem Vers beginnt: »Niemals frage du nach, Wissen bringt Fluch, wann denn wohl mir wohl dir/Götter den Tod bestimmt«, und die mit dem berühmten »carpe diem« endet. »Freue dich heut. Traue dem Morgen kaum«, übersetzt Golo Mann.

12. Juni 1981

Der Risiko-Spieler
Über H. M. Enzensberger

»Ich bin ganz überrascht, aber es gefällt mir hier in München«, sagt Hans Magnus Enzensberger. Wir stehen an der bis zum Boden reichenden Glasfront seiner Eigentumswohnung und sehen auf Schwabing hinab. Heftige Sturmböen heulen ums Haus. Linker Hand schwanken die kahlen Baumwipfel des Englischen Gartens. Am Himmel ist ein dämmeriges Sonnenrot.

»Ich wohne jetzt drei Jahre hier«, sagt er, »sieben oder acht Jahre war ich in Berlin, dann wurde es mir zu eng. Das war damals die beste Zeit, um nach Berlin zu gehen.« Er meint die Revolte der Studenten. Damals gründete er die Zeitschrift *Kursbuch*, die binnen kurzem zum wichtigsten Diskussions- und Agitationsforum der westdeutschen Linken wurde. Dort schrieb er in den berühmten »Berliner Gemeinplätzen«, das politische System der Bundesrepublik sei nicht mehr reparabel: »Die Verfassung ist die Lebenslüge des Systems. Zwischen ihren Garantien und den Interessen der herrschenden Klasse klafft ein Widerspruch, der sich nicht länger zudecken läßt. (...) Die Verfassung ist ein Versprechen, das die herrschende Klasse weder halten kann noch halten will. Nur die Revolution kann es einlösen.« Und im Mai 1968 schrieb er in *Konkret*: »Deutschland scheint zum Testfall für den Versuch des Spätkapitalismus zu werden, seine eigene Zukunft zu retten, indem er die unsere zu Tode prügelt. Das ist eine Rechnung, die nicht aufgehen wird. (...) Es gibt heute in Europa, zwischen Madrid und Warschau, nicht Hunderttausende, sondern viele Millionen von Leuten, die auf unserer Seite stehen.«

Der diese grimmigen Sätze schrieb, sieht heiter und freundlich aus, nahezu sanft, doch harmlos nicht. Das etwas älter und etwas fleischiger gewordene blasse Gesicht wirkt immer noch jungenhaft, vor allem, wenn, einem Wetterleuchten ähnlich, ein hell triumphierendes Lächeln darüber hinwegzieht. In solchen Augenblicken ist Enzensberger einer überraschenden Wendung, einer bizarren Gedankenverbindung auf die Spur gekommen. Er freut sich über den Fund, und Lachfalten graben sich in das faltenarme Gesicht. Solche Funde macht er ständig, immerzu ist er von lebhafter Beweglichkeit, geistig wie körperlich.

Ein Gespräch mit dem Schriftsteller Hans Magnus Enzensberger ist eine vergnügliche, pointenblitzende Unternehmung, ein abenteuerndes Hin- und Herschweifen zwischen Argumenten und Phantasien, Theoremen und Einfällen. Jetzt steht er auf, um den Tee, den er zwischendurch aufgesetzt hat, aus der Küche zu holen. Er ist schlank, eher zierlich, trägt schwarze Schuhe, eine schwarze Hose, eine schwarze Hausjacke, ein weißes Hemd. Noch aus der Küche spricht er zu mir herüber.

Das Sofa und die beiden leichten Sessel, vermutlich Biedermeier, sind grün bezogen, auf dem runden Tisch in der Mitte liegen die heutige *FAZ* sowie ein Band mit Briefen des Abbé Galiani, jenes italienischen Politikers und Schriftstellers, der mit Diderot befreundet war und Korrespondenz mit ihm pflegte. Enzensberger schreibt gerade an einer Komödie nach und über Diderot. Das geräumige, mit einem cremefarbenen Teppichboden belegte Zimmer bildet nach vorne zu, wo wir sitzen, einen gläsernen Ausguck, verengt sich zur Mitte hin, wo eine Küche abgeteilt ist, und erweitert sich nach hinten zu einem größeren Raum, der eine Glasfront zur Seite hin hat. An den Wänden sind Bücher, viele Enzyklopädien und Nachschlagewerke, hier und da einzelnes antikes Mobilar.

Hier wohnt er nun, 53 Jahre alt, vorübergehend seßhaft. Er ist kein Mann, der es lange an einem Ort aushielte. Er lebte in Kuba und in Moskau, hauste auf einer Insel im Oslo-Fjord und wohnte in Rom, war in Nordamerika und in Mexiko, in Australien und Vietnam. Auch jetzt noch liebt er den Wechsel. Eine Wohnung draußen auf dem Land, ein Domizil in Venedig erlauben ihm die schnelle Flucht. Eben war er in Schweden, schrieb dort eine Serie für *Dagens Nyheter*, nächste Woche will er nach Italien.

Literarisch ist er ebenfalls ruhelos. Er schreibt Gedichte, eine hochgerühmte, erfolgreiche und epigonenbildende Lyrik; er schrieb einen Roman, ein Libretto, ein Drehbuch; er schreibt Theaterstücke, Hörspiele, Essays, Polemiken, Pamphlete, nahezu alle Gattungen scheint er zu beherrschen; er war der Kommentator und Agitator der Studentenbewegung, der scharfzüngige Widersacher der Adenauer-Ära, er ist der unleidliche Kritiker linker Tabus und Bequemlichkeiten, unermüdlich mischt er sich ein, mischt mit, mischt dagegen und verschwindet ebenso schnell wie er kam. Nebenher übersetzt er aus dem Englischen, Französischen, Italienischen, Spanischen, Schwedischen. Sein Wissen ist enzyklopädisch.

Schon mit seinen ersten Gedichten, gerade 28 Jahre alt, erntete er Ruhm. Alfred Andersch schrieb: »Es gibt für den Auftritt Hans Magnus Enzensbergers auf der Bühne des deutschen Geistes keinen anderen Vergleich als die Erinnerung an das Erscheinen von Heinrich Heine.« Joachim Kaiser nannte ihn 1957 in der *FAZ* »ein glänzendes Talent«, und Walter Jens verglich ihn 1960 in der *Zeit* mit Bertolt Brecht. Gegner hatte und hat er viele. Er war Gegenstand von Anfragen im Bundestag und der Stadtrat von Nürnberg zerstritt sich wegen ihm, als er den Nürnberger Kulturpreis erhielt.

Der Lyriker Johannes Bobrowski charakterisierte ihn unfreundlich: »Heute am Nordkap und morgen auf Delos, dem russischen Bären/sink ich ans Herz, und wohin sink ich dem Lama Perus?/– Dichte ich nach (aus siebzehn der unverständlichsten Sprachen)/oder dichte ich vor, *überall bin ich at first.*« 1961, Enzensberger war 32 Jahre alt und schon berühmt, schrieb der damalige Freund Martin Walser über ihn: »Enzensberger kann sich offensichtlich nicht einrichten. Er verläßt einen Ort um den anderen, kein Wunder, daß er von jedem Gewitter auf offenem Feld getroffen wird.«

Ja, so ist es: Enzensberger sucht immer das Gewitter, aber bevor der Blitz ihn treffen könnte, ist er auf und davon. Das ist nicht unbedingt ein Weg, sich dauerhaft Freunde zu machen. So fühlt er sich offenbar etwas einsam. Die früheren Kontakte zu Schriftsteller-Kollegen seien abgerissen, sagt er. Das hängt sicherlich damit zusammen, daß Enzensberger, einst zu den Wortführern der Linken zählend, nicht mehr als Linker gelten kann. 1978 schrieb er im *Kursbuch*, die Linke müsse sich endlich über einiges klar werden. Zum Beispiel darüber, »daß es keinen Weltgeist gibt; daß wir die Gesetze der Geschichte nicht kennen; daß die gesellschaftliche wie die natürliche Evolution kein Subjekt kennt und daß sie unvorhersehbar ist; daß wir mithin, wenn wir politisch handeln, nie das erreichen, was wir uns vorgesetzt haben ...« Die Projekte des 19. Jahrhunderts (und damit meint er vor allem Marx) seien von der Geschichte des 20. samt und sonders falsifiziert worden.

Natürlich sind derartige Sätze für gestandene Marxisten und solche, die sich dafür halten, das blanke Sakrileg. Enzensberger nennt seine Methode: »ohne Ärmelschoner denken«. Gerade unter den Freunden von ehedem sind Ärmelschoner ziemlich verbreitet. So macht er sich bei den Linken unbeliebt. Die Konservativen mögen ihn ohnehin nicht. Von den Liberalen trennt ihn seine boshafte, Kompromissen nicht zuneigende Unerbittlichkeit.

In seinem jüngsten Buch »Politische Brosamen« (Suhrkamp Verlag, 1982), einer Sammlung brillanter Essays, amüsiert er sich über die Wortschöpfung »real existierender Sozialismus« und nennt diesen Sozialismus »das höchste Stadium der Unterentwicklung«. Er bringt damit auf den Begriff, was jedermann leicht sehen kann: daß der herrschende Sozialismus seinen Bewohnern sowohl den Verzicht auf bürgerliche Freiheiten als auch den auf die Befriedigung ihrer materiellen Bedürfnisse abverlangt. Dieser Sachverhalt sei, so schreibt Enzensberger, bisher kaum diskutiert worden, und, so fügt er ironisch hinzu, er rechne auf den Dank seiner Freunde und Feinde, wenn er damit einen bescheidenen Anfang mache.

Trotzdem scheint er sich darüber zu wundern, daß dieser Dank bislang ausgeblieben ist. »Ich erwarte ja keine Zustimmung«, sagt er, »aber ich finde es ein bißchen schade, daß sich niemand damit auseinandersetzt.« In den letzten Jahren sei er darauf gekommen, wieviel spannender es sei, die Kritik soweit zu treiben, daß man selber zu ihrem Gegenstand werde. Man müsse, sagte er, beim Denken immer noch eine Schleife dazu legen. Ich entgegne: Ja, es mache großen Spaß, eine Sache von unvermuteter Seite anzugehen, es könne aber leicht geschehen, daß man sich zum Beispiel auf der konservativen Seite wiederfinde. Ob er denn nicht die völlige Beliebigkeit seiner Position fürchte?

Nein, sagt er entschieden, davor habe er keine Angst, er sei immer wieder überrascht, wie gleich er sich in all den Jahren geblieben sei, wie sehr ihn immer dieselben Obsessionen beschäftigten. Im Gegenteil: Er fürchte, immer noch nicht beweglich genug zu sein. Er hasse es, festgenagelt zu werden, immer wieder sei es das Interesse der Öffentlichkeit, den Autor festzunageln. »Ich gebe jemandem ein Interview. Mit tödlicher Sicherheit kommt die Frage, wie ich mich definiere. Das ist nicht meine Sache, mich zu definieren. Das sollen andere tun, dafür werden sie bezahlt.«

Ich bin nicht ganz zufrieden damit. Ich erwarte ja nicht, daß jemand, aus Nibelungentreue zu sich selber, nie mehr von einer Position abrückt. Ich kenne auch Enzensbergers »Theorie des Verrats«, abgedruckt in dem immer noch verblüffend scharfsinnigen Band »Politik und Verbrechen« (1964): »Entscheidend für die Logik dieses Begriffs ist, daß unter gewissen historischen Bedingungen jeder Verräter werden muß.« Aber lassen sich damit alle Widersprüche hinwegerklären?

In den sechziger Jahren plädierte Enzensberger für die Revolution in Westdeutschland, heute schreibt er in den »Brosamen«: »Was uns von den bürgerlichen Freiheiten geblieben ist, können wir nicht hoch genug schätzen und nicht zäh genug verteidigen; denn dieser Rest ist beträchtlich. Er macht die Bundesrepublik bewohnbar.« 1960 schrieb er eine Rezension des Neckermann-Katalogs: »Das deutsche Proletariat und das deutsche Kleinbürgertum lebt heute in einem Zustand, der der Idiotie näher ist denn je zuvor.« In den »Brosamen« nennt er sich selber einen Kleinbürger und schreibt eine »Verteidigung der Normalität«.

Diese Widersprüche gibt Enzensberger unumwunden zu. Er

scheint es sogar auf solche Widersprüche anzulegen. Was den Kleinbürger betreffe, so sei er ein Kind der Adenauer-Zeit. In dem Neckermann-Aufsatz habe er seine Wut darüber ausgedrückt. In den »Brosamen« habe er manches revidiert. Andererseits seien viele seiner sogenannten Widersprüche ein Mißverständnis. »Am meisten haben mich zwei Dinge geärgert: daß man behauptet hat, ich hätte den Tod der Literatur ausgerufen, und daß man mich den Barden der kubanischen Revolution genannt hat.« Es stimmt: den Tod der bürgerlichen Literatur hat damals, im berühmten *Kursbuch* 15 (1968), nicht er verkündet, sondern Walter Boehlich. Aber er hat dieses *Kursbuch* herausgegeben. Es stimmt: nie hat er sich zum Propheten Castros gemacht, aber er hat damals eine amerikanische Gastdozentur mit Aplomb verlassen, um als Berater Castros nach Kuba zu gehen.

So war Enzensberger immer dabei, und doch nicht dabei. Ich sage: »Der Lyriker Volker von Törne hat einmal über Sie geschrieben: ›Wenn es ernst wurde, hat er sich stets aus dem Staub gemacht.‹« Enzensberger antwortet: »Da hat er recht.« Er sagt das keineswegs betrübt, sondern fast ein bißchen stolz. Er beherrscht die Attacke wie kein anderer. Zur Kunst der Attacke gehört auch die Kunst des Rückzugs. Die beherrscht er ebenfalls.

So ist er sich in einem Punkt eigentlich immer treu geblieben: In seinem Widerwillen gegen Endgültigkeit. 1960 schrieb er in der *Zeit* in der Kolumne »Mein Gedicht« über ein Gedicht Clemens Brentanos: »Mein Gedicht ist ein Text, der keine Antworten gibt; er ist eine einzige Frage.« Und 1982 schrieb er in den »Brosamen«: »Ich möchte diese Frage, wie die meisten, die mich interessieren, offen lassen.«

Inzwischen ist es dunkel geworden. Enzensberger steht aus seinem Sessel auf, um Licht zu machen. Eine der beiden Tischlampen seitwärts des Sofas gibt ein klickendes Geräusch von sich und bleibt dunkel. Enzensberger verschwindet kurz im Flur und kehrt mit einer neuen Glühbirne zurück, die er einschraubt. Er setzt sich jetzt auf das Sofa, nimmt die Beine hoch und legt sie auf das Polster. »Ich bin skrupellos«, sagt er. Mit der Revolte der Studenten sei er damals nie »verschmolzen«.

Er habe sich nie völlig identifiziert. Obwohl man ihn dazu aufforderte, war er nie Mitglied des SDS. Teils, weil er älter war als die Studenten. Vor allem aber, weil er Distanz immer benötigt hat.

Warum? »Ein Schriftsteller braucht immer einen Hintergedanken. Ich habe mich damals zwar verführen lassen, aber willentlich verführen lassen. Ich wollte dabei sein. Wann hat man schon das Glück, in Deutschland eine Revolution zu erleben? Die Studentenbewegung war zwar nur die Parodie einer Revolution, aber immerhin: das war doch toll. Als Schriftsteller mußte ich dabei sein.« Er strahlt, als er das sagt, vor Vergnügen. »Sie sind ein Spieler«, sage ich. »Ja«, entgegnet er, »aber ich mache nur Risiko-Spiele. Alles andere ist langweilig.«

Tatsächlich obsiegt selbst in seinen radikalsten Äußerungen das spielerische Element, die Formulierungslust. Sätze aus den »Berliner Gemeinplätzen«, in Zeilen gebrochen, lesen sich wie ein Gedicht:

»Die neue Opposition hat Argumente
Aber keine Produktionsmittel
Springer hat Produktionsmittel
Aber keine Argumente
Dieser Sachverhalt verurteilt die Wahrheit dazu
Auf die Straße zu gehen
Dafür daß sie auf die Straße geht
wird sie verurteilt.«

Seine Sprachbegabung, sein intellektueller Witz werden ihm manchmal zum Verhängnis. Der Ernst der Sache verschwindet hinter der Artistik. Auch die neuen Essays lesen sich gelegentlich zu schön, zu glatt. Ihrem Inhalt nach sind sie auf Widerspruch aus, ihrer Form nach zielen sie auf Beifall, und der Beifall ist Enzensberger nahezu immer gewiß, gleich von welcher Seite.

Enzensberger steht wieder auf und holt, nachdem er mich gefragt hat, Sherry und zwei Gläser. Die Flasche sieht aus, als wäre sie ganz aus Silber. »Deshalb kaufe ich immer diese Marke«, sagt er. Wir trinken und reden. Mir fällt auf, sage ich, daß er sich in seinen Texten nie, nicht einmal in seinen Gedichten, selber offenbart, persönlich wird. Das Private bleibt ausgeklammert. Er nickt. Neben seinem Roman »Der kurze Sommer der Anarchie« (1972), der ein penibel recherchierter Dokumentar-Roman über den spanischen Anarchisten Durruti ist, hat er nie Erzählungen geschrieben. »Ich bin kein Erzähler«, sagt er, »das Erzählen liegt mir nicht.«

Sein Gesicht, wenn er ernst ist, wirkt wie nach innen gewendet, wachsam gegen sich selber. Enzensberger ist, so kommt mir vor, im Grunde ein altmodischer Mensch, all seiner provokativen Modernität zum Trotz: altmodisch gebildet, altmodisch höflich, altmodisch in seinem stupenden Konversationstalent, altmodisch in seinem Glauben an die Vernunft. Er liebt, sagt er, Diderot.

Wahrscheinlich ist Enzensberger zu intelligent, zu kontrolliert und bewußt, deshalb unfähig zu jener Naivität, die notwendig ist, um Dichtung in deutschem Sinn zu schreiben, der damit das Dunkle, das Finstere, der Vernunft Entzogene meint. Selbst das wunderbare Liebesgedicht »Befragung zur Mitternacht«, aus seinem ersten Buch »Verteidigung der Wölfe« (1957), dessen erste Strophe lautet:

»Wo, die meine Hand hält, Gefährtin,
Verweilst du, durch welche Gewölbe
Geht, wenn in den Türmen die Glocken
Träumen, daß sie zerbrochen sind,
Dein Herz?«

– selbst in diesem Gedicht, einem der schönsten, das ich kenne, ist der subjektive Schmerz, der Anlaß, zur beherrschten, objektivierten Form geworden.

Und doch: so diszipliniert er auch denkt und schreibt, man kann, wenn man aufmerksam liest, auch Enttäuschung und Bitternis wahrnehmen, nicht selten ironisch verfremdet. In seinem Buch »Der Untergang der Titanic« (1978), nicht nur, aber auch ein melancholisches Echo der kubanischen Erlebnisse (er wurde Zeuge, wie sein Freund, der Lyriker Heberto Padilla, in Castros Gefängnissen verschwand), heißt es am Ende:

»Alles, heule ich, wie gehabt, alles schlingert,
alles
unter Kontrolle, alles läuft, die Personen
vermutlich ertrunken
im schrägen Regen, schade, macht nichts,
zum Heulen, auch gut,
undeutlich, schwer zu sagen, warum, heule
und schwimme ich weiter.«

Kürzlich schrieb er: »Die kleine Schlachtordnung früherer Zeiten hat sich in ein gräßliches Durcheinander verwandelt.« Und in seinem jüngsten Gedichtband »Die Furie des Verschwindens« (1980) heißt es unter der Überschrift »Der fliegende Robert«:

»Eskapismus, ruft ihr mir zu,
vorwurfsvoll.
Was denn sonst, antworte ich,
bei diesem Sauwetter! –,
spanne den Regenschirm auf
und erhebe mich in die Lüfte.«

Das ist Enzensbergers Schmerz, beherrscht, witzig, traurig. Er ist ein Risiko-Spieler, und es ist keineswegs ausgemacht, wie das Spiel ausgeht.

Sein jüngstes Spiel, das nun zu Ende ging, war die Gründung der Zeitschrift *TransAtlantik*. Was er darüber erzählt, ist die amüsante Geschichte eines Intellektuellen, der auszog, um den Kapitalismus von innen kennenzulernen. Wir sitzen in einem französischen Restaurant, unweit seiner Wohnung. Selbst nach siebenstündigem Gespräch und einem halben Liter Wein, den Sherry nicht gerechnet, ist er von animierender intellektueller Präsenz. Im Laufe des Abends entwickelt er mindestens ein Dutzend Projekte für das Feuilleton der *Zeit*. Aber Ausdauer hält er nicht für eine erstrebenswerte Tugend. Im Grund sei er froh, daß die *TransAtlantik*-Zeit, knapp drei Jahre, vorüber sei. (Über die Zukunft der Zeitschrift streiten sich nun die Anwälte). Er habe es als äußerst anstrengend empfunden, monatlich etwas zu schreiben und immer ein Auge für die Aktualität haben zu müssen. Er beneide meine Tätigkeit bei einer Zeitung nicht im geringsten. Er würde zum Beispiel, verlockt von der Aussicht auf ein Privat-Fernsehen, gern ein Programm verantworten. »Ein Jahr vielleicht, das wäre doch schön«, sagt er.

Als wir aufbrechen, stürmt es immer noch. Wir kämpfen uns gegen den Wind zum nächsten Taxistand in die Leopoldstraße. Wir verabschieden uns, und er geht mit flatternden Mantelschößen davon.

25. Februar 1983

V. Vernunft und Mythos

Von allen Geistern verlassen

Über das Irrationale der Rationalität

Schade, der Spaß ist vorbei. »Chopper«, der Geist mit der Blechstimme, der Schrecken von Neutraubling, ist dorthin heimgekehrt, wo er herstammte: ins Reich der Phantasie. Einige Wochen lang kamen die Nachrichten, die die Welt erschütterten, nicht bloß aus Warschau und Washington, sondern aus einem kleinen Dorf östlich von Regensburg, und sie handelten nicht von so gespenstischen Themen wie SS-20 und Cruise-Missiles, sondern von so amüsanten Dingen wie einem Gespenst. Die Pointe der Geschichte liegt nicht darin, daß es den »Chopper« nicht gibt, sondern darin, daß so viele an ihn glaubten.

Eine 16jährige Zahnarzthelferin hielt die Republik zum Narren, und genarrt wurden nicht bloß die, die man immer schon zum Narren hält, die treuen Leser von Boulevardblättern, die ahnungslosen Medienkonsumenten, gewohnt, Groteskeres für wahr zu halten als ein Gespenst in der Klo-Schüssel. Genarrt wurden vor allem die, die sich immun gegen Narrheit dünken, die Spezialisten, die Techniker, die Wissenschaftler; auch die Staatsanwälte, die eine »Sonderkommission Geist« ins Feld schickten. Genarrt wurden schließlich wir alle.

Sicherlich, geglaubt haben wir das nicht, nicht öffentlich, nicht nach außen. Insgeheim jedoch mögen manche aufgeklärte Zeitgenossen gedacht haben: Vielleicht ist was dran, man weiß ja nie. Und hatten damit doch ein bißchen recht, denn vieles wissen wir tatsächlich nicht. Die Wahrheit ist nicht neu, aber sie gewinnt an Boden. Der Horizont unseres Nichtwissens ist uns näher gerückt. Wie anders wäre zu erklären, daß

Millionen von Fernsehzuschauern gebannt den obskuren Weisheiten einer Astrologin lauschen? An deren Attraktivität allein kann das nicht liegen.

Es ist eine neue Sehnsucht nach dem Geheimnisvollen, nach dem Unerklärten und Unerklärbaren, die uns geduldig macht in Fällen, die früher bloß unser Gelächter erregt hätten. Die Zahl der Deutschen, die an Hexen glauben, nimmt zu. Elf Prozent seien es, sagen Meinungsforscher. Völkerkundler schätzen, daß in unserem durchrationalisierten Land zehntausend Hexenbanner tätig sind. Und in der nordisch klaren Hansestadt Hamburg gibt es rund 7000 Menschen, die sich ihren Lebensunterhalt mit Wahrsagen, Kartenlegen, Pendeln, Gesundbeterei und Hexenbannertum verdienen.

Was geschieht da? Wir feiern zum Beispiel die Wiederkehr des Sterndeuters Nostradamus. Durchaus beruhigt nehmen wir zur Kenntnis, daß die unheildrohende Planetenkonstellation des 10. März keineswegs Unheil bedeuten muß. Wir lesen, natürlich nur zum Spaß, die Romane von Tolkien und White, ihre Märchen und Mythen. Wir sehen Filme wie »Excalibur«, die sich in ein geheimnisvolles Mittelalter zurückdenken. Wir haben nicht gegen Stanley Kubricks Film »Shining« protestiert, gegen die Horror-Ballade vom Zweiten Gesicht, wir haben das gern angesehen. Wir sind bereit, den Erzählungen des Ethnologen Carlos Castaneda, des notorischen Gurus alternativer Gemütswelten, Gehör, wenn nicht gar Glauben zu schenken. Die deutsche Auflage seiner Bücher nähert sich der Million, und die magischen Lehren des Indianers Don Juan sind zum Besitz einer Generation geworden.

Also: Was ist los? Scheinbar ein klarer Fall: Irrationalismus, typisch deutsch. Das gab es schon öfter, siehe Hitler. Schön, wenn es so einfach wäre, schön, wenn wir, auf Vernunft und Aufklärung uns berufend, dem Irrationalen in uns und um uns den Krieg erklären könnten, wenn wir den Dauerabonnenten von Rationalität, den Wissenschaftlern und Technokraten, noch unbesorgt Glauben schenken dürften. Als der Friedensmarsch der Dreihunderttausend Bonn erreicht hatte, da warnten die kompetenten Köpfe, man dürfe die Emotion nicht über den Verstand siegen lassen, Angst dürfe man haben, aber nicht zeigen, 200 Jahre Aufklärung dürften nicht weggeworfen werden. Als ob wir nicht inzwischen ausgiebig hätten lernen können, wie die Kehrseite der Aufklärung, wenn wir sie überhaupt noch so nennen dürfen, aussieht.

»Dialektik der Aufklärung« lautet der Titel eines berühmten, aber offenbar nicht sehr bekannten Buches von Max Horkheimer und Theodor W. Adorno. 1947 wurde es veröffentlicht, und es liest sich, als wäre es von heute. Der erste Satz lautet: »Seit je hat Aufklärung das Ziel verfolgt, von den Menschen die Furcht zu nehmen und sie als Herren einzusetzen. Aber die vollends aufgeklärte Erde strahlt im Zeichen triumphalen Unheils.« Die Vernunftherrschaft, zu der die Aufklärung beitrug, war zur Herrschaft der Unvernunft geworden. Die Rationalität hatte sich gegen die Ratio gekehrt. Die Karteikarten, auf denen die Verwalter der Konzentrationslager die Daten ihrer Opfer penibel notierten, waren der Gipfel der Rationalität im Wahnsinnssystem. Spätestens seit damals wissen wir: Wahnsinn und Rationalität schließen einander keineswegs aus.

Einer, der schon früh diesen Gedanken mit erschreckender Radikalität zu Ende dachte, war der Marquis de Sade. »Die 120 Tage von Sodom« zeigen, wozu absolut gesetzte Ratio imstande ist. Der Terror hat Logik, und er ist rational. Wer Gefühle nicht zeigen darf, weil das unmännlich, unvernünftig, irrational ist, mit dem kann es dahin kommen, daß er »den Schrei, den er nicht ausstoßen darf, in seinen Opfern tausendfach erzeugt« (Horkheimer/Adorno). Geschrieben wurde die »Dialektik der Aufklärung« im Angesicht des Nationalsozialismus. Der ist vorbei, und ein neuer scheint nicht bevorzustehen. Lernen konnte man immerhin daraus, daß wir nicht bloß das Irrationale zu fürchten haben, sondern ebenso die Exzesse der Rationalität.

Angestammter Ort der Rationalität ist die Wissenschaft. Weil sie rational ist, verlangt sie Gefolgschaft, und was nicht rational ist, das erklärt sie für irrelevant. Übersinnliches, sagt sie uns, gibt es nicht. Da wir meist schon mit dem Sinnlichen unsere Probleme haben, stimmen wir gern zu. Gefühle, sagt sie uns, sind zwar schön, aber wir haben sie doch eher als Verdrängungen und Sublimationen zu betrachten, und eigentlich sind es Hirnströme.

Unser Glück wäre also gemacht, wenn uns nicht gelegentlich das in die Quere käme, was man früher gesunden Menschenverstand nannte. Und da fragen wir uns etwas unbeholfen, wie es denn sein mag, daß hundert Wissenschaftler uns ganz rational erklären, weshalb Atomkraftwerke notwendig und sicher sind, während andere hundert Wissenschaftler uns ebenso rational erklären, weshalb Atomkraftwerke überflüssig und gefährlich sind. Da uns solche Fälle dauernd (und immer häufiger) begegnen, werden wir allmählich mißtrauisch, und wenn dann noch Leute kommen und sagen, je mehr wir aufrüsteten, desto sicherer werde der Friede, und wer daran zweifle, sei irrational, dann reiben wir uns die Augen und beginnen, an Gespenster zu glauben.

Der alte Glaube an die Wissenschaft ist also längst dahin. Der Verdacht, Technik und Wissenschaft seien zwar rational, aber nicht unbedingt und in jedem Fall vernünftig, hat uns mehr oder weniger alle erfaßt. Die erste Mondlandung ist zwar schon dreizehn Jahre alt, aber über den Mann im Mond wissen wir immer noch nicht Bescheid. Und weil die Kirche der Wissenschaft an Faszination verliert, schauen wir uns nach anderen Kirchen um. Gute Zeiten für »Chopper«.

Nun muß man gerechterweise hinzufügen, daß es in den Wissenschaften selber rumort. Abspaltungen sind im Gange, Ketzer sammeln Gefolgschaft. Der Philosoph und Anarchist Paul Feyerabend zum Beispiel ist der Anstifter eines fröhlichen Zweifels an der Wissenschaft. Seine Parole lautet: *Anything goes*, mach, was du willst, es gibt keinen Methodenzwang auf dem Weg zur Erkenntnis, wir besitzen keine Wahrheit, die uns hochmütig machen dürfte gegenüber anderen Wahrheiten, anderen Kulturen. Der Schamane hat ebenso recht wie der Atomphysiker. Der Autoritätsanspruch der Wissenschaftler ist nicht gerechtfertigt. Ihre Klagen über die zunehmende Irrationalität unseres Zeitalters, sagt Feyerabend, seien nichts anderes als moderne Wiederholungen der Klagen über zunehmende Gottlosigkeit in früheren Zeiten.

Tatsächlich hat das sogenannte Irrationale längst Eingang in die Wissenschaft gefunden. Die Ethnologie zum Beispiel, die heute eine ähnliche Leitfunktion besitzt wie vor zwanzig Jahren die Soziologie, erforscht fremde Kulturen und gerät in einen wachsenden Zweifel über unsere eigene. Der schwedische Ethnologe Ake Hultkrantz, ein seriöser, angesehener Forscher, berichtete kürzlich von okkulten Erfahrungen, von Begegnungen mit übersinnlichen Phänomenen, die er bei Indianern erlebt hatte, und schrieb: »An Ritualen mit Medizinmännern teilnehmend, mußte ich in meinem Notizbuch Beobachtungen von einer Art festhalten, die ich in keiner Fachzeitschrift hätte veröffentlichen können, ohne meine wissenschaftliche Reputation aufs Spiel zu setzen.« So wie ihm ergeht es allen, die das akademische Gehege verlassen und Blicke in die Nachtseite unserer Kultur werfen. Unsere Vorfahren, die mit den alten Mythen lebten, können ja nicht allesamt schwachsinnig gewesen sein. Vielleicht besaßen sie Weisheiten, die wir verloren haben. Ihnen spürt der Ethnologe Hans Peter Duerr in seinem Buch »Traumzeit« nach. Darin berichtet er von Hexen, von magischen Praktiken und seltsamen Flugerfahrungen, von Grenzgängen zwischen Wildnis und Zivilisation. Die Wildnis ist in uns selber. Es nützt und erfreut, sie kennenzulernen.

Es gibt, wie Hamlet sagt, mehr Dinge im Himmel und auf Erden, als unsere Schulweisheit sich träumt. Das wußten wir zwar immer schon, aber die allzu große Ehrfurcht vor Wissenschaft und Rationalität hat es uns vergessen lassen. Wir sind, worauf wir stolz waren, von allen Geistern verlassen. Den »Chopper« gibt es nicht, das war ein Witz. Aber es gibt Träume und Sehnsüchte, andere Erfahrungen und andere Erkenntnisformen. Es gibt in unserer eigenen Kultur eine fremde Kultur, die wir mit dem Bannfluch »irrational« nicht hinwegzaubern können.

12. März 1982

Die Hexen sind unter uns
Über Hans-Peter Duerr und die Mythos-Debatte

Ich gebe zu, daß Gespenster nur Kranken erscheinen; aber das beweist doch bloß, daß Gespenster von niemand anderem als von Kranken gesehen werden können, jedoch nicht, daß es sie an und für sich nicht gibt.
Dostojewski, Schuld und Sühne

Der Ethnologe Paul Parin unterhielt sich mit einem afrikanischen Eingeborenen und bemerkte, daß dieser an beiden Füßen je eine verkrüppelte Zehe hatte. Er fragte ihn danach. Der Eingeborene erzählte, er habe um eine junge Frau im Nachbardorf geworben. Die Mutter jedoch habe die Verbindung nicht gewollt und einen bösen Zauber ausgesprochen. So sei die Zehe seines rechten Fußes angeschwollen und habe schrecklich weh getan. Um nicht seinen Fuß und vielleicht das ganze Bein zu verlieren, sei er in sein Dorf zurückgekehrt, habe von der jungen Frau abgelassen und sofort sei der Fuß wieder gut geworden.

Parin hörte sich das an, zeigte auf den linken Fuß und fragte: »Und was war das für ein Zauber?« Darauf sah ihm der Eingeborene erstaunt ins Gesicht und sagte: »Nein, das war eine Infektion. Kennen Sie das nicht? Das gibt es, wenn man sich verletzt hat und Schmutz in die Wunde kommt.«

Parin bemerkt dazu, europäisches und afrikanisches Erfahrensgut zu koordinieren, sei diesem Mann offenbar leichter gefallen als ihm, Parin, selber. Denn als Wissenschaftler war er gewohnt und zugleich auch verpflichtet, rational zu denken. Die Erzählung von der verzauberten Fußzehe verstand er als

Zeugnis einer irrationalen Weltanschauung und war höchst überrascht, als er sah, daß der Eingeborene ebenfalls rational zu denken vermochte.

Uns Europäern ist die radikale Trennung von Rationalität und Irrationalität eingefleischt. Zwischen beidem gibt es keine Brücke. Es existiert nebeneinander her, unbemerkt, stillschweigend. In Flugzeugen, einem Gipfel rationaler Naturbeherrschung, gibt es bekanntlich keine Sitzreihe mit der Nummer dreizehn. In Hotels folgt dem zwölften Stockwerk abrupt das vierzehnte, als hätte man das dreizehnte lediglich vergessen. Den Glauben an Hexen oder Gespenster würde jedermann als Humbug abtun. Gleichwohl gibt es einen beachtlichen Prozentsatz von Bundesbürgern (1977: elf Prozent), die Hexerei für möglich halten. Hexenbanner, Pendler, Wahrsager aller Art gehören zu den Krisengewinnlern unserer Tage. Die Lektüre des Horoskops ist für viele ebenso selbstverständlich wie die des Wetterberichts.

Dieses Nebeneinander von öffentlicher Vernunft und privatem Aberglauben ist nicht neu. Das Eis moderner Rationalität, auf dem wir uns scheinbar gelassen bewegen, ist stets dünn gewesen. Gurus überschwemmen die westlichen Länder, asiatische Weisheiten und Heilslehren stehen hoch im Kurs. Ehemalige Achtundsechziger absolvierten Yoga-Kurse und murmeln magische Worte. Wir haben uns an die Schizophrenie gewöhnt. Tagsüber füttern wir Computer, abends versenken wir uns in Zen-Meditation, auf der Suche nach dem Nirwana. Diese doppelte Buchführung treiben wir hinter unserem eigenen Rücken – ein auf die Dauer anstrengendes Kunststück.

Neuerdings jedoch nagt der Zweifel an der Wissenschaft selber. Traditionsgemäß Ausbund und Hort des Rationalen ist sie sich dessen keineswegs mehr sicher. Bislang war es einfach: »Das Unerklärliche wurde entweder in die Vergangenheit (als wegen ungenügender Zeugenlage *nicht mehr* erklärbar) oder in die Zukunft (als wegen unzureichenden Wissenstandes *noch nicht* erklärbar) weggeschafft; es wurden also sozusagen Wechsel ausgestellt, an deren Einlösbarkeit man wegen des guten Geschäftsganges nicht zweifelte.« Dies schreibt der Soziologe Justin Stagl.

Da nun aber die Geschäfte deutlich schlechter gehen, wächst die Einsicht, daß außerhalb des scheinbar unbegrenzten Feldes rationaler Wissenschaft weit mehr und weit Wichtigeres liegt, als unsere Schulweisheit sich träumt. Schlimmer noch: der Verdacht macht sich breit, daß man des Ungeklärten mittels der üblichen Methoden vielleicht gar nicht mehr Herr werden könnte.

Wie tief der Zweifel geht, das kann man in der Sammlung »Der Wissenschaftler und das Irrationale« nachlesen, in der Philosophen, Soziologen, Psychologen, Ethnologen und Anthropologen einen Blick in die Nachtseite der Vernunft riskieren. Die Lektüre der beiden nahezu 1400 Seiten umfassenden Bände (denen Parins Bericht und das Zitat von Stagl entstammen) ist deshalb so spannend, weil das gängige und naive, vor allem von Politikern gehegte Vertrauen in die Wissenschaft als einem Ort zweifelsfreier Erkenntnis nachhaltig erschüttert wird.

Als zum Beispiel amerikanische Spezialisten sich darum bemühten, den Hopi-Indianern beim Ackerbau zu helfen, ernteten sie nur Mißerfolge. Zwar setzten sie modernste Maschinen ein und nutzten Erkenntnisse der Agronomie und Biologie, aber in der wüstenähnlichen Landschaft verdorrte das Getreide. Nicht jedoch das der Indianer. Diese fuhren eine reiche Ernte ein. Nach einer Erklärung gefragt antworteten die Hopis: »Der Unterschied ist einfach: Wir besingen unser Getreide.« Tatsächlich werden die Phasen der Schöpfung – Keimung, Wachstum und Reifung – in althergebrachten Ritualen, mit Gesang und Meditation, von den Hopis immer aufs neue beschworen. Die Wissenschaftler konnten sich mit dieser Erklärung natürlich nicht zufriedengeben. Bei ihrem Ehrgeiz gepackt versuchten sie alles, überprüften jede Hypothese. Vergeblich. Geschlagen gaben sie das von der amerikanischen Regierung finanzierte Entwicklungsprogramm auf.

Der amerikanische Ethnologe Gary Witherspoon, der diese Geschichte berichtet, ist vorsichtig in seinen Schlußfolgerungen. Offenbar, so meint er, ist das uns vertraute Schema falsch, wonach wir hochentwickelt, die archaischen Völker hingegen unterentwickelt und also uns unterlegen seien. Möglicherweise haben wir eine mangelhafte Kenntnis von dem, was magische

Rituale sind und bewirken können. Schließlich scheint daraus hervorzugehen, daß die in den zwanziger Jahren von dem Klassiker der Ethnologie James G. Frazer entwickelte Theorie nicht stimmt. Frazer meinte, es gebe in der Geschichte der Völker drei aufeinander folgende, aufsteigende Entwicklungsstufen, von der Magie über die Religion zur Wissenschaft.

Wenn aber die Wissenschaft versagt und die Magie Wirkung zeigt, was dann? Müssen wir annehmen, irgendwelche Erdgeister hätten das Wachstum des Getreides beflügelt? Von dieser Vorstellung lebt das Buch »Der Zauber von Findhorn«, in dem der Amerikaner Paul Hawken von einem »New Age«-Zentrum im Norden Schottlands berichtet, wo scheinbar gegen alle Naturgesetze wunderbare Rosen und riesige Kohlstauden gedeihen, nicht mit Hilfe von Chemie und Technik, sondern lediglich dank der Liebe, die ihnen von den Gärtnern entgegengebracht wird, und dank der Hilfe schottischer Naturgeister. Hawken erlebte Findhorn als »die Offenbarung eines Lichtes, einer Kraft, die unseren Planeten völlig umwandeln könnte«. Leider ist sein »Bericht« keiner, sondern die schwärmerische Erzählung eines Bekehrten. Allzu bereitwillig verläßt er das Gebiet des Rationalen.

Dies tun die Beiträger der Bände »Der Wissenschaftler und das Irrationale« glücklicherweise nicht. Um so beunruhigender sind ihre Befunde, die eigentlich Fragen sind. So gehört es zu den ehernen Prinzipien der Naturwissenschaft, daß ihre Erkenntnisse reproduzierbar sein müssen: Soll das Fallgesetz gelten, so müssen alle Steine ihm entsprechend fallen. Fallen einige anders, ist das Gesetz hinfällig. Was aber tut man mit Phänomenen, die einmalig sind, nicht unter denselben Bedingungen reproduzierbar? Das ist das Elend der Parapsychologie. Ihr gelingt es nicht, die Forschungsgegenstände reproduzierbar zu machen. Ist sie deshalb Humbug? Ist Psi damit widerlegt? Oder folgt daraus, »daß die Unzuverlässigkeit paranormaler Ereignisse ein Indiz dafür zu sein scheint, daß die fraglichen Phänomene nicht im Sinne instrumentalen Handelns zur Verfügung stehen«? (Das meinen die Parapsychologen Eberhard Bauer, Klaus Kornwachs und Walter von Loucadou.)

Was aber heißt das? Stehen sie »nicht zur Verfügung«, dann sind sie wissenschaftlich irrelevant, sagt der methodenbewußte Wissenschaftler. Aber es gibt sie doch. Da berichtet zum Beispiel der schwedische Ethnologe Ake Hultkrantz von dem Schamanen-Ritual des »tanzenden Zeltes«, das bei den Algonkin-Indianern verbreitet ist. Bei der Zeremonie werden Geister heraufbeschworen, die das Zelt, eigentlich eine festverankerte Hütte aus Stangen und Fellen, erzittern lassen und manchmal sogar in die Luft heben.

Dieser Vorgang ist nicht reproduzierbar im Sinne eines objektiven Experiments. Also wird man den zahlreichen Augenzeugenberichten über das »tanzende Zelt« mißtrauen müssen, und Hultkrantz, der eine solche Zeremonie erlebt hat und beschreibt, mißtraut sich selbst. Aber etwas war doch geschehen – nur, was war es?

Auch in den Naturwissenschaften ist das, was die Geisteswissenschaftler hermeneutischen Zirkel nennen, längst zum Problem geworden. Offenbar gibt es Forschungsobjekte, deren Beobachtung immer auch den Beobachter zum Gegenstand hat, die also in gewisser Weise durch den Beobachter erst erzeugt werden. Wie aber erst in der Ethnologie? Ihr Kreuz besteht in der Unvereinbarkeit der Kulturen. Bleibt der Ethnologe in der eigenen, kann er die fremde nicht verstehen. Wird er Teil der fremden, kann er sie nicht mehr in die eigene übersetzen. Einem Literaturkritiker (-wissenschaftler) ähnlich liest er die fremden Texte und Zeichen, und was immer er darüber sagt, er sagt es auch über sich selber.

Der Ethnologe Michael Oppitz, der sich längere Zeit zu Feldforschungen im westlichen Zentral-Nepal aufhielt, beschreibt folgende Situation: »Der Schamane Kathka sieht in einem Baum eine Hexe sitzen. Ich sehe Kathka diese Hexe sehen, sehe aber selbst die Hexe nicht. Zugleich ist am Ort des Vorfalls, sobald die Hexe von Kathka gesichtet worden ist, eine Intensivierung der Spannung zu spüren, die nicht weniger wirklich ist als der auratische Auftritt eines Westernhelden in der Kulisse einer Frontstadt. Woher kommt diese plötzliche Spannung? Ist es die Anwesenheit der Hexe, die sie auslöst? Ist die Hexe die Spannung? Wie verhält sich der Forscher zu einem derartigen Fall, wie beschreibt er ihn, wie die Leute, die die Hexe sehen, und wie sich selbst, der sie nicht sieht?«

Also was denn nun: War da eine Hexe oder war keine?

Hans Peter Duerr, der diese häretische Aufsatzsammlung angestiftet und herausgegeben hat, ist der Autor eines berühmt gewordenen Aufsatzes »Können Hexen fliegen?« Listiger- und wahrscheinlich auch richtigerweise hütet sich Duerr, mit einem schlichten Ja oder Nein zu antworten. Er nutzt die scheinbar absurde Frage zu einer erkenntnistheoretischen Debatte und zitiert Christoph Martin Wieland: »Setze also, Zeus erschiene dir unter der Gestalt eines Stiers oder Schwans, so würdest du nicht *ihn*, sondern einen Stier oder einen Schwan sehen.«

Angewendet auf die zahlreichen Berichte über fliegende Hexen und Schamanen und auf die Flug-Erlebnisse von Ethnologen, die sich mit Flugsalben eingerieben hatten, müßten wir also antworten: Die Krähe, die dort drüben in der Dämmerung über die Fichtenschonung fliegt, könnte sehr wohl eine Hexe sein, wir wissen es nicht und werden es nie wissen.

Aber ist diese Antwort nicht ebenso unbefriedigend wie die Frage sinnlos ist? Das scheint Don Juan nahezulegen, jener Indianer, von dem der Ethnologe Carlos Castañeda in seinen Büchern erzählt. Nach einem Flug-Erlebnis, das Castañeda als sehr rauschhaft beschreibt, fragt er den Indianer: »Bin ich wirklich geflogen?« Don Juan antwortet: »Du hast es mir doch gesagt, oder nicht?«

Üblicherweise treffen wir die sinnvolle Unterscheidung zwischen Halluzination und Wirklichkeit. Danach hätte sich Castañeda, der eine Droge genommen hatte, nur eingebildet, zu fliegen. Was aber, wenn die Halluzination plötzlich in die Wirklichkeit hinübergreift? Der amerikanische Ethnologe Michael J. Harner berichtet in einem Buch über Halluzinogene und Schamanismus, daß ihm von peruanischen Indianern, nachdem sie ein Drogenritual begangen hatten, der Tod seines Schwiegervaters mitgeteilt worden sei. Harner: »Dies geschah zwei Tage, bevor ich per Radio von seinem Tod informiert wurde.«

In seinem Buch »Traumzeit – Über die Grenze zwischen Wildnis und Zivilisation« erzählt Hans Peter Duerr viele solcher Geschichten. Es wimmelt darin von Geistern, Werwölfen und magischen Ritualen. Leitmotiv ist die *Hagasuzza*, die mittelalterliche Hexe, die auf dem Zaun reitet – auf jenem Zaun, der die Wildnis von der Zivilisation trennt, das Rationale vom Nicht-Rationalen, die Nacht der Träume vom Tag der Vernunft.

Duerr interessiert sich weniger für die Wahrheitsfrage als vielmehr für den Ritt auf dem Zaun. »In den archaischen Kulturen«, schreibt er, »ist im Gegensatz zu unserer eigenen Kultur ein weitaus deutlicheres Bewußtsein davon vorhanden, daß wir immer nur das *sein* können, was wir sind, wenn wir zur gleichen Zeit das sind, was wir *nicht* sind; daß wir nur dann wissen können, wer wir sind, wenn wir unsere Grenzen erfahren und damit überschritten haben. Dies bedeutet jedoch gerade nicht, daß wir unsere Grenzpfähle immer weiter in die Wildnis hinein vorantreiben, daß wir das *Draußen* ohne Ende roden, bearbeiten, kategorisieren. Es bedeutet eher, daß wir selber wild werden, um unserer eigenen Wildheit nicht *ausgeliefert* zu sein und dadurch allererst ein Bewußtsein unserer selbst als zahmer, als kultureller Wesen zu gewinnen.«

Die Frage allerdings, die auch Duerr nach längeren Überlegungen nicht beantworten kann, lautet, wer uns denn bei solchen Grenzgängen führen soll. Die Praxis, die unseren Vorfahren noch vertraut war, ist uns abhanden gekommen, und wer sich heute in die Wildnis aufmacht, kehrt oft nicht wieder, oder, wie es Duerr in einer »Warnung an den Leser« formuliert: Die Fahrkarten, die von den Nachtgeistern ausgestellt würden, seien bisweilen *einfach*; es fehle die Rückfahrkarte.

Eine Warnung in weiser Voraussicht. Denn mit diesem Buch wurde Duerr für viele zum Hexen-Guru, der massenhaft Anfragen wegen der richtigen Mischung von Flugsalben erhält. »Traumzeit« geriet binnen kurzem zu einem alternativen Bestseller. Etwa 50000 Stück wurden verkauft, eine immense Auflage für ein Buch, das mit wissenschaftlicher Akribie daherkommt: 153 Seiten Text, 183 Seiten kleingedruckte Anmerkungen mit endlos sich verzweigenden Sub-Argumentationen und ethnologischen Anekdoten, schließlich 98 Seiten Literaturverzeichnis.

Ernüchtert und zugleich gestärkt schreibt Duerr im Vorwort

zu seinem jüngsten Buch »Sedna oder Die Liebe zum Leben«: Die »Traumzeit« sei in einer Phase erschienen, die im Zeichen der Rehabilitierung all dessen stand, was dem Prozeß der Zivilisation zum Opfer gefallen war. »Dieses intellektuelle Klima führte bisweilen dazu, daß im Geiste Kants und Hegels erzogene Universitätsprofessoren bereit waren, sich selber als eine geistig etwas unterbelichtete Spezies zu sehen, der nichts übrig blieb, als den Weisheiten indianischer Schamanen zu lauschen, auch wenn diese nicht viel mehr sagen, als daß nichts so heiß gegessen wie gekocht wird.« In »Sedna« kocht Duerr weniger heiß als in »Traumzeit«.

Sedna ist eine Göttin der Eskimos, die auf dem Meeresboden haust und Herrin all jener Tiere ist, von deren Jagd die Eskimos leben. Bleiben diese Tiere aus, so stimmt der Schamane einen magischen Gesang an, während dem die Männer und Frauen kollektiv den Beischlaf vollziehen, um Sedna zu erfreuen und zur Herausgabe der Tiere zu animieren.

Solche Regenerierungsrituale, die den Sinn hatten, den Wechsel der Jahreszeiten und somit die Fruchtbarkeit sicherzustellen, schildert Duerr quer durch alle Völker in der Zeit der Jäger und Sammler. Diese Rituale, meist von derben sexuellen Handlungen begleitet, waren einerseits Mimesis, das heißt Nachahmung der Natur, zugleich aber Eingriff in die Natur, mit dem Ziel, durch sachte Beeinflussung die Wiederkehr des Lebens zu erreichen. Es war nicht ihr Ziel, der Natur etwas aufzuzwingen, zu dem sie nicht von sich aus bereit war – wie wir es heute tun. In den archaischen Ritualen drückt sich eine bestimmte »ökologische« Haltung gegenüber der Natur aus, und dies gerät dem Menschen zum Vorteil. Insofern (und nicht durch Hexerei) besitzt Magie eine wirkende Kraft.

Darauf legt Duerr großen Wert. Bei den Wildbeutern stellt er »eine elementare Lebensfreude« fest, »die Liebe zum Leben, so wie es *ist*, und nicht, wie es *sein sollte*.« Und dazu gehört auch die Kenntnis und Erfahrung des Todes, der Grausamkeit. Beides aber verhielt sich zueinander im Sinne einer positiven Dialektik: Das Leben und seine Beschwörung hatten Vorrang.

Auch bei uns gab es ja lange die Vorstellung, das jährliche Verschwinden der Fruchtbarkeit sei ein Schlaf oder ein Tod der

Vegetationsgöttin, die durch ein sexuelles »Opfer« wieder zum Leben erweckt werden müsse. Märchen von Dornröschen oder Schneewittchen zeugen davon.

Im Zeitalter der Pflanzer, Bauern und Hirtennomaden jedoch, die in mühsamer Arbeit und im Schatten drohender Mißernten nur die ewige Wiederkehr des Gleichen erhoffen konnten, entstand der Wunsch, daß eines Tages alles ganz anders sein und der Weg durchs Jammertal erträglich werde. Duerr schildert anhand vieler Mythen, wie sich nun, auch unter dem Druck einer wachsenden Bevölkerung, eine negative Dialektik ausbreitet. Todes- und Transzendenzideologien entstehen. Dem jenseitigen oder zukünftigen Leben wird ungleich größerer Wert beigemessen als dem, welches die Menschen tatsächlich leben – wie im Christentum etwa. Oder Leid und Schmerz werden ebenso wie die Freude als Gefühle betrachtet, die zu überwinden sind. Alle Lebensäußerungen werden reduziert und in meditativen Akten einem todesähnlichen Gleichmut und Nullpunkt zugeführt – wie in asiatischen Religionen. »Das Paradies kennt keine Dialektik. Es ist, was es ist, tot vor Unsterblichkeit.«

Meister Eckhart sagt: Der Mensch, der von sich selbst und allen Dingen gelassen habe, der sei »tot alle der werlt und lebet in gote und got in im«. Und Baghwan lehrt, daß nichts Bedeutung hat: »Nothing is more important than anything else.«

»Mir scheint«, schreibt Duerr, »daß alle diese Ideologien extreme Entlastungsversuche darstellen, die zur Selbsteliminierung tendieren, weil dies offenbar die einzige Möglichkeit ist, die übermächtig gewordenen Spannungen und Widersprüche des Lebens zu lösen, nachdem wir die paläolithische Tundra der Unschuld verlassen haben.«

Das schöne Wort von der Tundra der Unschuld – ist es ironisch? Nicht nur. Denn Duerr ist auch ein Romantiker, überzeugt davon, »daß das Leben und die Erfahrungen viel reicher sein können und in mancher Hinsicht viel reicher gewesen sind, als das heute der Fall ist«, wie er in einem Interview (abgedruckt in dem Band »Satyricon«) einmal bekannte. Die Liebe zum Leben treibt ihn zu den archaischen Kulturen, wo er entdeckt, was wir verloren haben: den Einklang mit der Natur um uns herum und der Natur unserer selbst.

Zwar ist Duerr in »Sedna« viel zurückhaltender mit Deutungen und Bewertungen als in »Traumzeit« (und wird deshalb wohl viele seiner Fans enttäuschen), das neue Buch ist materialreicher und weniger spekulativ, aber natürlich ist die Lesart der fremden Zeichen, Schriften und Zeugnisse von einem Interesse bestimmt. Dieses Interesse ist die Selbstkritik der europäisch-rationalistischen Kultur.

Im »Europäischen Hof« in Heidelberg erwartet mich Hans Peter Duerr. Die Tagung irgendeines Wirtschaftsverbandes findet gerade statt und Duerr, mit seinem schulterlangen dichten Kraushaar, die hagere Gestalt in einen Plüschmantel gekleidet, eine Plastiktüte in der Hand, wirkt inmitten der Manager mit ihren dunklen Anzügen wie ein Clochard, der sich in das Foyer eines Vier-Sterne-Hotels verirrt hat. Die mißtrauischen Blicke, die man ihm zuwirft, scheinen ihm Vergnügen zu bereiten.

Er liebt es, im Widerspruch zu sein. Als Student bekannte er sich zum Anarchismus, »weil der Marxismus schon besetzt war«; als Wissenschaftler brachte er mit seinen frechen Ketzereien die gesamte Innung gegen sich auf. Mit »Traumzeit« wollte er sich in Zürich habilitieren und scheiterte. Es habilitierte ihn die Universität Kassel. Aber einen Lehrstuhl hat er nicht und wird ihn wohl auch nicht kriegen. Allzu vielen Professoren, die er einmal als »Migräne-Denker« bezeichnete, hat er auf die Füße getreten.

»Man ziehe den Rock des Landes an, das man besucht, und bewahre den Rock des Landes auf, aus dem man stammt«, sagt Duerr, Diderot zitierend. Für ihn heißt das, Fremdes nicht auf Bekanntes zu reduzieren, sondern es imitierend darzustellen, ohne sich in ihm ganz aufzulösen. Wir sitzen in einem italienischen Restaurant, das hoffnungslos germanisiert ist. Zu einer zähen Saltimbocca gibt es weichen Kartoffelbrei. Der italienische Wirt hat seinen Rock offenbar verloren. Duerr trägt dem Rechnung und trinkt Bier.

Wie kommt er dazu, sich so leidenschaftlich, akribisch, mit einer selbst für Fachleute stupenden Belesenheit in derart verschiedene Lebensformen einfühlen zu wollen? Wie verfiel er auf die Ethnologie? »Als Kind in Mannheim begegnete ich den Besatzungsnegern, die ich sehr aufregend fand, und ich fragte, wo kommen die denn her? Man sagte mir, die kommen aus Amerika, aber eigentlich aus Afrika. Da wollte ich immer nach Afrika.« (Duerr ist Jahrgang 1943.) Er ging nicht nach Afrika, sondern nach Heidelberg und studierte Ethnologie. Viel später erst kam er nach Amerika, zu den Cheyenne-Indianern. »Aber ich war hundert Jahre zu spät gekommen. Manche Sätze, die ich hörte, kamen mir bekannt vor, und ich merkte: die hatten dieselben Bücher gelesen wie ich.« Und er erzählt, wie die Cheyenne von der Mutter Erde schwadronierten und die leeren Bierdosen ins Gelände warfen. Eine Erfahrung, die Claude Lévi-Strauss in den »Traurigen Tropen« beschrieben hat: Wohin der Europäer auch kommt, er trifft auf seine eigenen Spuren.

Vielleicht haben ihn solche Erfahrungen dazu gebracht, vorsichtiger in seinen Deutungen zu sein. In »Traumzeit« herrscht noch die Lust auf die Wildnis. Duerr hatte mit diesem Buch, wie er sagt, einen Strauß mit der universitären Wissenschaft auszufechten. In »Sedna« ist er materialistischer. »Der Zusammenhang von Weltanschauung und Lebensform war mir wichtig.« Das heißt: Wir können andere Weltanschauungen nicht einfach adaptieren, weil unsere Lebensform anders ist. Und das heißt: Die europäische Kultur ist stärker und schützenswerter, als wir manchmal zuzugeben bereit sind. Duerr gibt es nun zu: »Ich merke immer mehr, daß ich Europäer bin.« Er nähert sich dem rumänischen Philosophen Constantin Noica, der ihm in dem Buch »Der gläserne Zaun«, einer Aufsatzsammlung zu »Traumzeit«, vorgeworfen hatte, er unterschätze Europa und überschätze die archaischen Kulturen: »Nur wer den Garten bebaut, weiß, was Wildnis ist.«

Allerdings, sagt Duerr, habe er nie ein zynisches Verhältnis zur Kultur gehabt. Er kommt aus einfachsten Verhältnissen und hat sich eine proletarische Hochachtung vor Büchern und vor Wissen bewahrt. Nicht wie jene bürgerlichen Studenten, die mit saturierter Miene abendländische Bildung verspotteten. Nun fürchtet Duerr, wie seine Kritiker, »den irrationalistischen Sumpf, den ganzen New-Age-Quatsch«. »Aber«, sagt er, »wir sind die erste Generation, die erlebt hat, daß man Autoritäten packen kann, auch die Wissenschaft und die Universität, die haben ganz schön gewackelt.«

Nun ist er selber Wissenschaftler, ein Fußnotenfanatiker scheinbar. Doch gerade dieses schier unendliche Herbeischaffen immer neuen Materials zeigt, daß er im Grunde kein systematischer, sondern ein stark assoziativer Denker ist. Auch unser Gespräch wird Stunde um Stunde abschweifender und ausschweifender, beflügelt von den bodenständigen Drogen Wein und Bier. Eine geordnete Debatte ist mit Hans Peter Duerr kaum möglich, ständig blitzen seine Augen hinter der großen Brille von neuen Einfällen und Assoziationen. »Ich habe keine Angst vor dem Unsystematischen. Ich habe überhaupt keine Angst mehr.« Angst hatte er, als er nicht wußte, ob er seine Frau und die beiden Töchter mit seinen Büchern würde ernähren können. Jetzt geht es.

Zum Schluß will ich es nun doch endlich wissen: »Können Hexen fliegen?« – »Nein«, antwortet er, »die Hexe möchte ich erstmal sehen.« Aber er wäre nicht Duerr, würde er es damit gut sein lassen. Er fügt hinzu: »Ich bin nach allen Seiten offen.« Genaues weiß man eben nicht. Die Hexen sind unter uns, denn die Wildnis gehört zur Kultur als ihr anderes. Von Duerr und seinen Büchern kann man lernen, daß es mehr als nur eine Wirklichkeit gibt.

15. März 1985

VI. Amerikanische Beiläufigkeiten

Im Genuß verschmacht' ich vor Reue

Über Puritanismus heute

Ich habe mir lange darüber den Kopf zerbrochen«, sagte Kitty Dukakis auf einer Pressekonferenz, »ob ich hier aufstehen und darüber reden soll. Aber es ist menschlich, nicht vollkommen zu sein.« Welches Geständnis hatte sie zu machen, welche Verfehlung zuzugeben? Kitty Dukakis litt weder an Kleptomanie, noch hatte sie ihren Schwiegersohn geschändet. Es war schlimmer: Sie rauchte. Und zwar schon seit langem, seit genau 32 Jahren.

Wer heutzutage in Amerika raucht, lebt wie ein Hund. Er muß vor die Tür, wenn ihn das Bedürfnis überfällt. »Meine Familie war dauernd hinter mir her«, erzählte Eleanor Myerson im *Boston Globe*. »Ich versprach, weder im Haus noch im Auto zu rauchen, also führte ich dauernd unsere zwei Hunde spazieren.« Frau Myerson wurde Nichtraucherin. »Kürzlich gab ich eine Dinnerparty, und ich vergaß, Aschenbecher aufzustellen. Ein armer Gast schlich sich nach draußen, um eine Zigarette zu rauchen.«

Frau Dukakis gestand: »Ich rauchte jahrelang auf dem Klo.« Was ihren Fall verschärft, ist zweierlei: Erstens ist sie die Gattin des Gouverneurs von Massachusetts. Sie hat öffentliches Vorbild zu sein. Zweitens war sie rückfällig geworden. Vor einem Jahr hatte sie aufgehört, anläßlich des alljährlichen »Great American Smoke out«, eines nationalen Anti-Raucher-Tages. Dann aber kam das Laster wieder über sie. Beim diesjährigen »Smoke out« veranstaltete sie eine Pressekonferenz und bekannte: »Ich habe geraucht.« Es war, als hätte sie gesagt: Ich habe abgetrieben. Es muß sie hart angekommen sein. Im *Bo-*

ston Globe bemerkte der Republikaner Mullins anzüglich über den Demokraten Dukakis: »Wissen Sie, er hat ja dauernd diese Schwierigkeiten mit seiner Frau.«

Die nationale Anti-Raucher-Kampagne treibt einem neuen Höhepunkt entgegen. Fast alle Restaurants haben Rauchersektionen, meist zugige und ungemütliche Ecken, wo die Sünder sitzen, während die Gerechten unter sich bleiben. In Flugzeugen werden die Raucher auf die schlechteren, die hinteren Plätze verwiesen. In den Cafeterias von Universitäten und Museen, in Banken, Bibliotheken, Postämtern, in Behörden und Krankenhäusern, in Taxis und U-Bahnen, neuerdings sogar in Kinos – überall ist Rauchen verboten.

Der soziale Druck wächst. Eine Form von Apartheid breitet sich aus. Noch gibt es keine getrennten Parkbänke. Aber Rauchen ist längst nicht mehr Privatsache. Wer raucht, macht sich eines öffentlichen Lasters schuldig, und besorgte Mitmenschen trachten danach, ihn auf den rechten Weg zurückzuführen. Die missionarische Inbrunst, mit der das geschieht, läßt vermuten, daß rationale Argumente bloß willkommener Anlaß sind. Zwar bestreitet niemand, daß Rauchen der Gesundheit schadet – wie ja überhaupt das Leben bekanntlich lebensgefährlich ist. Aber ob ich gesund lebe oder nicht, das, so ließe sich einwenden, ist mein Bier. Dieser Gedanke scheint den meisten Amerikanern fremd.

In Fragen der Moral gibt es in Amerika keine klare Grenzlinie zwischen Privatheit und Öffentlichkeit. Und Rauchen ist zu einer Frage der Moral geworden. Vielleicht drängte sich mir dieser Eindruck deshalb so stark auf, weil ich einige Zeit in Boston verbrachte, jener Stadt, in der der Geist des Puritanismus stets lebendig war.

Walter D. Burnham, Politologe am MIT (»Massachusetts Institute of Technology«), hielt im »Center for European Studies« (Harvard) einen Vortrag über die seit je erhebliche, neuerdings aber wachsende Bedeutung der Religion für die amerikanische Gesellschaft. Es ist nicht nur die unmittelbare Identifikation mit einer Kirche, nicht bloß ein praktizierter Glaube, der das alltägliche Leben bestimmt, mehr noch sind es die tiefsitzenden religiösen Wertvorstellungen von dem, was anständig und sittlich richtig sei. Ein Lieblingswort im amerikanischen Wahlkampf war *decent*, anständig. Nicht, daß man sich mehr daran hielte als andere Völker, aber das Gefühl eines Verpflichtetseins, einer Verantwortlichkeit des einzelnen für das Ganze ist wesentlich stärker als bei uns. Nach Burnhams Vortrag schien mir die Begeisterung der Amerikaner für Ronald Reagan keineswegs mehr so unverständlich.

Im Roman »The Bostonians«, in dem Henry James ein kritisches Porträt seiner Vaterstadt und seiner Landsleute entwirft, kämpft Olive Chancellor heldenhaft und fanatisch für die Freiheit der Frau. Henry James nennt sie »a ticklish spinster« – eine zickige Jungfer. Sie und ihre Genossinnen berufen sich auf den erfolgreichen Kampf des fortschrittlichen Nordostens gegen die Sklaverei und die Borniertheit der Südstaaten. Es war jene um das Heil des Mitmenschen besorgte Leidenschaft, die später zum völligen Verbot des Alkohols führte, zur Prohibition. Der prohibitionistische Kampf, den Miss Chancellors Erben heute führen, geht gegen die Raucher. »The Bostonians« gibt es neuerdings als Film – eine nicht gerade kongeniale Adaption von James Ivory, die in Boston mit großem Erfolg lief. Die tückische Pointe des Romans liegt darin, daß Verena Terrant, ein engelsgleiches Wesen, von Olive Chancellor zur Heiligen Johanna des Feminismus bestimmt, am Ende willenlos die Front wechselt und tränenüberströmt in die Arme eines Mannes sinkt – ausgerechnet in die eines Texaners. Im letzten Satz des Romans äußert Henry James die Befürchtung, dies seien nicht die letzten Tränen, die Verena zu vergießen bestimmt sei. Der Film hingegen verrät den düsteren Ausblick und zeigt als letztes Bild, wie Miss Chancellor (aufopfernd: Vanessa Redgrave) von der Rednerbühne herab die Frauen zu neuem Kampf um sich schart.

Daß die Welt nicht so sein dürfe, wie sie ist, gehört zu den Grundüberzeugungen des Puritaners. Zwischen dem göttlichen Plan und der irdischen Misere klaffte ihm ein unakzeptabler Riß, den zu schließen er sich ständig aufgerufen fühlt. Da er die Dinge nicht lassen kann, wie sie sind, da er weiß, wie sie eigentlich zu sein hätten, ist sein Leben von Widersprüchen geplagt. Sich gemächlich zurückzulehnen und dem Schicksal seinen Lauf zu lassen, bleibt ihm versagt, und die angenehmen Seiten des Lebens zu genießen, erschiene ihm als Sünde. Folglich hegt er ein tiefes Mißtrauen gegen den Genuß. »Es war ihre Natur, nach Pflichten Ausschau zu halten«, heißt es von Olive Chancellor.

An die Stelle des ursprünglichen, religiös-fanatischen Puritanismus ist heute ein säkularisierter liberal kaschierter Puritanismus getreten. Er hütet sich vor expliziter Lustfeindlichkeit. Er operiert mit sachlichen Argumenten. Er sorgt sich um die Gesundheit der Mitmenschen. Neuerdings richtet er seinen Eifer vor allem auf das Essen. Zwar hat er gegen Nahrungsaufnahme an sich nichts einzuwenden. Die ist gottgewollt, nicht aber, daß man sich daran erfreue.

Newsweek veröffentlichte kürzlich einen Artikel unter der Überschrift »Amerikas Ernährungsrevolution« und berichtete, die Suche nach der richtigen und gesunden Speise sei zu einer florierenden nationalen Obsession geworden. Ernährungswissenschaftler wärmen die Weisheit auf, daß ungesunde Ernährung nicht gesund ist, und versuchen statistisch zu beweisen, daß der Verzehr von tierischem Eiweiß und Fett zu frühem Tod durch Herzinfarkt und Krebs führt. Sie fanden heraus, daß in den Ländern der Dritten Welt, wo Fleisch und Butter zu den raren Genüssen zählen, Herzinfarkte selten sind – eine Erkenntnis, die mir angesichts der an Hunger sterbenden Völker sofort einleuchtet.

Jedenfalls scheinen die amerikanischen Haushalte, glaubt man *Newsweek*, ein wachsendes Interesse an Nahrungsmittelchemie zu entwickeln. Aus der vergleichsweise bescheidenen Aufgabe, den Hunger zu stillen, wird eine von vielen Skrupeln und medizinischen Vorsichten begleitete rituelle Handlung. Der Artikel in *Newsweek*, der mit vielen Tabellen gespickt ist, bemerkt denn auch einleitend, einen gesunden Essensplan aufzustellen, sei schwieriger, als ein Antibiotikum für eine Halsentzündung auszuwählen. Womit klargestellt ist, daß Essen eine Art medizinischer Schadensvorsorge ist, und daß die Frage, ob man satt wird und ob es einem schmeckt, völlig unerheblich ist.

Als ich auf einer Autofahrt durch Vermont spät abends eine

Filiale von »Burger King« ansteuerte, um dort auf gewohnte Weise einen »Whopper« zu mir zu nehmen, stieß ich inmitten des Restaurants auf eine ausladende Salatbar, wo man zum Preis von 2,49 Dollar soviel Grünfutter zu sich nehmen konnte, wie der Magen aushielt. Es war übrigens ein Leichtes, mit Hilfe von Speckwürfeln, hartgekochten Eiern sowie von »Blue Cheese« und »French Dressing« den Kaloriengehalt eines Whopper um ein Vielfaches zu übertreffen. Eine Chance, die sich, so weit ich sah, niemand entgehen ließ. Aber Salat, Gemüse, Obst haben in Amerika inzwischen den Ruch des absolut Gesunden, und es gibt kaum noch Restaurants, wo man sich nicht an üppigen Salatbars den Bauch vollschlagen könnte.

Zugleich aber nimmt der Kampf gegen die Kalorien groteske Formen an. Während einer Party bediente ich mich aus einer Flasche, die ich für Coca-Cola hielt. Das braune Getränk schmeckte äußerst merkwürdig und erinnerte mich an nichts. Es handelte sich offenbar um Cola-Ersatz, enthielt aber weder Cola noch Zucker und war absolut kalorienfrei. Dem Etikett war zu entnehmen (die Etikettierungsvorschriften in Amerika sind sehr streng), woraus diese chemische Imitation bestand: aus Wasser, künstlichen Aromastoffen, Farbstoffen, Süßstoffen, und zum Schluß hieß es, das Ganze könnte krebserregend sein.

Eine Deutsche, seit einiger Zeit in Amerika lebend, erzählte mir, wie schwierig es sei, Leute zum Abendessen einzuladen. Unbedingt müsse man sich vorher nach den jeweiligen Diätplänen erkundigen. Manche äßen nie, andere nur noch Fisch, manche seien radikal vegetarisch, andere wollten schieres Fleisch, wieder andere brächten sich irgendwelche Mischungen aus Sojabohnen und Früchten selber mit.

Die Leidenschaft für gesunde Nahrung aber scheint sich vor allem auf den Mittelstand zu beschränken. Denn zugleich stehen die Fast-Food-Ketten in unbeschädigter Blüte. Die klassisch amerikanische Hamburger-, Hot-Dog-, Pizza- und Sandwich-Kultur hat sich nun um die Croissants erweitert, die an allen Ecken zu haben und mit Käse, Schinken, Thunfisch gefüllt sind. Mit den französischen haben sie nur noch den Namen gemein. Auch die Lust an Süßigkeiten scheint unbegrenzt.

Überall Coffee-Shops mit Regalen verschiedenster Home-made-Cookies, übersüßem Gebäck mit viel Butter und Schokolade, überall Eisdielen, wo Teenager monströse Portionen Eiscreme mit Schlagsahne naschen.

Kein Büro, keine Wartehalle, keine Bibliothek ohne Kaffeeautomaten, keine Tankstelle, kein Supermarkt, keine Straßenecke, kein Universitätsinstitut ohne eine Snack-Bar, als laste eine ständige Hungergefahr über dem Land. Man ißt in kurzen Abständen und vergleichsweise wenig, ein Sandwich, einen Salat, ein Eis, immer wieder einen Styropor-Becher Kaffee dazwischen, aber man nimmt das in großer Eile zu sich, unaufmerksam, unauffällig, nebenbei, als werde einem kruden und peinlichen Bedürfnis schnell Genüge getan.

Die beiden traditionellen Anlässe zu einer Mahlzeit, nämlich den Hunger zu stillen und Vergnügen daran zu finden, existieren nicht mehr. Man ißt prophylaktisch, um Hunger gar nicht erst entstehen zu lassen, und man ißt mit ernster Absicht: den Körper fit zu halten. Wie sehr diese Art der Nahrungsaufnahme auch bei uns verbreitet ist, wurde mir klar, als ich einen Aufsatz unter der Überschrift »Meals without grace« (Mahlzeiten ohne Anmut) in der *Boston Review* las. Dort zeigte der Anthropologe Sidney W. Mintz, wie grundlegend sich unsere Essensgewohnheiten verändert haben.

Das Bild der Familie, die sich um den Tisch versammelt, während Mutter die dampfende Suppenschüssel hereinträgt, ist längst eine verstaubte Ikone. Der Zwang, sich zu einem bestimmten Zeitpunkt an einem bestimmten Ort einzufinden, um eine bestimmte Abfolge von Speisen zu verzehren, ist einer in gewisser Hinsicht paradiesischen Freiheit gewichen. Weder ist man an den Geschmack der jeweils kochenden Hausfrau gebunden noch an den häuslichen Mittagstisch noch an jenen teils hergebrachten, teils durch die Jahreszeiten erzwungenen Speiseplan, der darin bestand, daß es im Sommer Salat gab, im Herbst Äpfel und im Winter Kohl, an Festtagen Fleisch und an Freitagen Fisch.

Heute kann man überall jederzeit alles essen. Morgens Pizza, abends Kuchen, im Winter Obst. Und man ißt in der Regel allein, ohne auf die Bedürfnisse anderer Rücksicht nehmen zu müssen. Zugleich aber hat sich die Zeit für das Essen drastisch verkürzt. Die Erfahrung von Zeit in der modernen Gesellschaft, sagt Mintz, sei die eines unaufhebbaren Mangels, und deshalb versuchten die Leute, ihr Konsumvergnügen dadurch zu kondensieren, daß sie verschiedene Dinge zugleich konsumierten.

Tatsächlich kommt es ja kaum noch vor, daß man nur ißt: Man liest nebenbei Zeitung oder sieht fern, oder man ißt im Gehen, im Kino, am Schreibtisch. Der Junge, der einen Kriminalfilm im Fernsehen sieht, während er Pommes frites ißt, während er eine Cola trinkt, während er einen Joint raucht, während er mit seiner Freundin schmust, ist laut Mintz der typische amerikanische Esser von heute, der ein Maximum von Spaß in einem Minimum von Zeit anstrebt. Das gilt längst auch für Europa, zumindest für seine Städte.

Der Preis dieser schrankenlosen Freiheit besteht darin, daß der Geschmackssinn schwindet und nur mehr grobe Unterschiede wahrgenommen werden. Der Ort des Schmeckens wandert nach vorne, hin zu den Lippen. Die amerikanischen Nahrungstechniker sprechen von »mouth feel« (Mundgefühl), und sie versuchen beispielsweise, Getränke »schwerer« zu machen, damit sie vom Mund gefühlt werden. Am leichtesten geht das mit Zucker. Der nunmehr rudimentäre Geschmackssinn, der zum Tastsinn geworden ist, läßt sich am besten mit Zucker und Fett befriedigen. Daher erklärt sich die große Vorliebe für alles Cremige, Fettige, Zuckrige, Süßliche, Sahnige. Eine Lieblingsvokabel amerikanischer Speisekarten ist »rich«.

Diese Art zu essen, ist natürlich ein Genuß voller Reue; der Genuß ist gering, die Reue groß. Das aber ist der puritanischen Seele im Grunde recht. Der heimliche Dauerverdacht gegen das Genießen erlaubt es nicht, sich fürs Essen Zeit zu lassen und es zu zelebrieren. In amerikanischen Restaurants hat man, was immer man bestellt, spätestens nach zehn Minuten das Essen auf dem Tisch, und der Teller ist noch nicht leergegessen, da liegt schon die Rechnung daneben. Ich gebe zu, daß ich das als angenehm empfand, da ich es hasse, auf den Kellner zu warten.

Gleichwohl ist auch in Amerika das Essen mit einer gewissen Lust verbunden. Man gibt sich dieser Lust eilig und mit schlechtem Gewissen hin, man optimiert sie durch »schwere« Dinge wie süße Getränke oder salzig Gebratenes. Von dieser zweifellos ungesunden Ernährung wendet man sich plötzlich ab und entwirft komplizierte Diätpläne. Andererseits ist die »Haute Cuisine« in großer Mode. Restaurants mir raffiniert ausgedachten und sehr oft überinszenierten Speisen erfreuen sich großer Beliebtheit. Aber diese Art von Essen ist keineswegs anstrengungslos. Im Gegenteil: ausgestattet mit kochtheoretischen Kenntnissen arbeitet sich der Feinschmecker durch die Speisen bis zur Expertise vor.

So schwankt der Puritaner zwischen sündiger Ausschweifung und bußfertiger Reue friedlos hin und her, und Ruhe findet er vielleicht bei jenen neuen Erdnüssen, die kalorienreduziert sind und nach nichts mehr schmecken, von denen er aber an Fernsehabenden guten Gewissens die doppelte Portion verzehren kann.

Selten sah ich so viele auffällig kranke, selten so viele auffällig gesunde Menschen wie in Amerika. Es wird wohl am immensen Zuckerkonsum liegen, daß krankhafte Fettsucht so verbreitet ist. Figuren wie Zerrbilder aus einem Spiegelkabinett, mit angsterregend gewaltigen Hintern und Oberschenkeln, mit seltsam kleinem Kopf auf einem in der Mitte nach allen Seiten hin explodierten Leib sieht man häufig, darunter vor allem junge Leute.

Um so heller strahlen daneben die Götter der Leistungsethik, gebräunte Menschen mit muskulösen, elastischen Körpern, die federnden Schrittes und heiterer Miene ihrem Tagwerk entgegenstürmen. Vor allem in Harvard, zu dessen Aufnahmebedingungen seit jeher sportliche Qualifikationen gehören, sieht man sie, diese Lichtgestalten, denen Kraft aus den Schenkeln und Optimismus aus den Augen springt. Ihre akademischen Leistungen sind ebenso glänzend wie ihre sportlichen, und weder Zweifel noch Dekadenz haben an ihren Gesichtszügen genagt.

Aber wer sich darüber amüsiert und müde die abendländische Ironie heraushängt, hat ja ganz unrecht. Denn dieser ständige Aufbruch, in dem sich das Land befindet, diese fortwährende Jugendlichkeit, die im Überschwang alles umkrempeln, verändern, verbessern will, voll des guten Glaubens, voll auch missionarischen Eifererturns – all das macht ja, daß man die gewohnte Melancholie, die in Europa fast schon als Tugend gilt, sehr schnell ablegt, sich anstecken läßt von der allgemeinen Beweglichkeit und Ruhelosigkeit, daß man plötzlich denkt, es könnte doch noch etwas wirklich geschehen im Leben. Mit nichts kann man Amerikaner mehr irritieren als mit Ironie, mit nichts mehr erschrecken als mit einem sauber plazierten Zynismus. Aber am Ende wird man solcher Effekte nicht mehr recht froh.

Ein europäischer Spaziergang am schönen Ufer des Charles River erweist sich sehr bald als exotisches Unternehmen. Kräftige Frauen auf zerbrechlichen Rennrädern, langbeinige Neger mit schweißglänzenden Muskeln, blondhaarige Männer mit farbenfrohen Stirnbändern ziehen dort pfeilschnell ihre Bahn, und als einsamer Fußgänger kommt man sich vor wie eine faule Insel im Strom der Tüchtigen. Doch so offenkundig man ihnen auch im Weg ist und so verzweifelt minoritär man auch sein mag, nie wird es geschehen, daß jemand rempelt, klingelt oder eine unwirsche Miene macht. Freundliche sind sie alle, ob im Straßenverkehr, in der Bibliothek oder auf der Behörde. Schlechte Laune und Miesepetrigkeit scheinen tabu, jedenfalls in der Öffentlichkeit.

Ja, sie sind unbedingt freundlich, die Amerikaner, und alle ihre Formeln »Can I help you«, »Nice to meet you«, »Enjoy it«, »You are welcome« sind zwar floskelhaft, aber sie heben die allgemeinen Umgangsformen in ein freundliches Licht. Auch dies scheint ein Erbe des Puritanismus. Man läßt sich nicht gehen. Man behält seine Laune für sich, und der jeweils Nächste ist im Bewußtsein immer vorhanden. Man grüßt ihn, man läßt ihm den Vortritt, man hilft ihm – auch und gerade dann, wenn er vielleicht lieber hätte, daß ihm nicht geholfen werde.

Jener Kellner aber, der, als ich ihm sagte, es tropfe von der Klimaanlage auf meinen Teller herab, seinem Herzen Luft machte mit einem schlichten »O, shit!« und sich untätig abwandte, als ob er mit seinem Zorn allein sein wolle, war ein rares Erlebnis, das mich plötzlich heimisch fühlen ließ in diesem fremden Land.

25. Januar 1985

wer ich wulld laik du go

Über die Kunst der öffentlichen Rede

Amerika ist anders. Das merkt man zuerst an den Steckdosen. Ich ging in einen Hardware Store. Der Inhaber stieg auf die Leiter und holte von hoch oben ein Set mit einem halben Dutzend verschiedenster Adapter, verpackt in einem Reise-Etui, vermutlich für jene Globetrotter, die sich jeden Tag in einem anderen Erdteil rasieren. Als ich bedauernd erklärte, ich benötige nicht sechs, sondern nur einen Adapter, räumte er alles wieder weg und sagte halb resigniert, halb anerkennend, als billige er eine richtige Entscheidung: »Ja, so 'nen Kram würde ich auch nicht kaufen.«

Amerika ist anders. Das merkt man vor allem daran, wie die Leute miteinander reden. Das ist keine Frage des Charakters: Die Amerikaner sind nicht von Natur aus freundlicher und besser gelaunt als etwa die Deutschen. Aber ihre Umgangsformen sind anders: angenehmer, geräumiger, wohnlicher. Man fühlt sich bald zu Hause.

So sprach aus der Reaktion dieses Verkäufers weder glatte Höflichkeit noch gar Mißmut (eines von beiden ist bei uns die Regel), eher etwas wie Kameradschaftlichkeit, die nicht speziell mich meinte, sondern grundsätzlich jeden, der den Laden betreten würde. Der Mann war nicht ausnehmend gut gelaunt (weshalb auch, die unverkäufliche Ware mochte ihn ärgern), und als er sich mir gegenüber äußerte, bediente er sich eines absolut alltäglichen Mittels, der Sprache nämlich. Die amerikanische Alltagssprache jedoch unterscheidet sich von der deutschen durch ein höheres Maß an Pragmatismus und Gemeinschaftlichkeit.

Als ich in der Hotelbar des Copley Plaza in Boston einen Whisky bestelle und, da meine Kennerschaft bescheiden ist, lediglich sagte »Einen Scotch bitte«, fragte die Bardame, welchen ich bevorzuge. Ich antwortete scheinbar weltläufig: »Was haben Sie denn?« Die Frau begann, ein Dutzend Sorten aufzusagen, fing aber plötzlich zu lachen an und prustete: »Das können Sie sich ja wirklich nicht alles merken.« In der Bar eines vergleichbaren deutschen Luxus-Hotels hätte der Barkeeper vermutlich mit wichtiger Miene die Fülle der klangvollen Namen intoniert mit jenem latenten Imponiergehabe, das bei uns mit überhöhten Preisen einherzugehen pflegt, mir das Gefühl vermittelt, es sei mein Fehler, nicht zu wissen, welchen Scotch ich wolle.

Die amerikanische Sprache ist eine wirklich öffentliche Sprache. Zwar hat auch sie, wie die meisten hochkultivierten Sprachen, ihre esoterischen Gehege, wo nicht jeder mitreden kann. Aber ihr soziales Zentrum ist größer, also jener imaginäre Marktplatz, wo jeder mit jedem von gleich zu gleich reden kann und wo Klassenschranken zeitweise aufgehoben sind. Die amerikanische Sprache stellt jedem ihrer Benutzer einen ganzen Fundus bequem verwendbarer und leicht verständlicher Umgangsformen bereit, die zunächst niemanden ausgrenzen und Unterschiede der Herkunft wie der Einkunft nivellieren.

Die Kunst der öffentlichen Rede wird in Amerika zwar selten sehr subtil ausgeübt, dafür aber ist sie ungleich mehr verbreitet als bei uns. Ihre Rhetorik ist die der Alltagssprache, und deshalb ist ihr jene peinliche Anbiederung fremd, die bei manchen unserer Politiker auffällt, wenn sie volkstümlich sein wollen.

Diese selbstverständliche, unangestrengte Kommunikationsfähigkeit findet man sogar unter Wissenschaftlern und an Universitäten. Harvard zum Beispiel, wo ich einige Zeit verbrachte, ist die älteste amerikanische Universität und eine der prominentesten. Grund genug anzunehmen, daß die Professoren dort, oft weltweit bekannte Kapazitäten ihres Fachs, einigermaßen schwierig zu verstehen sein würden. Das Gegenteil war der Fall. Man konnte sogar anfänglich den Eindruck gewinnen, Vorlesungen in Amerika seien zwar vergnügliche, aber doch ziemlich flache Veranstaltungen.

Der Eindruck ist falsch. Die deutsche Gewohnheit, Vorlesungen als anstrengend zu erfahren, führt leicht zu dem Fehlschluß, eine amüsante Vorlesung sei nicht viel wert. Amüsant oder unterhaltsam zu sein, ist selbst in Harvard nicht verpönt. Im »Core Curriculum«, einer Art Studium Generale für jüngere Studenten, las der Literaturwissenschaftler Jan Ziolkowski über »Beast Literature«, über jene Literatur also, deren Helden Tiere mit menschlichen Zügen sind, oft geschrieben in der Absicht, die tierischen Züge des Menschen zu entlarven.

Ziolkowski besaß sowohl die Qualitäten eines Entertainers als auch die eines beschlagenen Kulturphilosophen. In der Regel begann er mit zwei, drei Vorbemerkungen, deren Ankündigung mit leisem Gelächter quittiert wurde. Wußte man doch, daß Ziolkowski mit lakonischem Witz sich anzüglicher, auf die Studenten gemünzter Tiermetaphern bedienen würde. Manchmal brachen die etwa zweihundert Zuhörer in heftiges Gejohle aus. Nach dieser Lockerungsübung ging es ernsthaft zur Sache, und ich war überrascht, welch gewaltiges Lesepensum Ziolkowski seinen Studenten abverlangte.

Selbst in einer Vorlesung des Soziologen Daniel Bell, zu der nur fortgeschrittene Studenten zugelassen waren, ging es unterhaltsam und verständlich zu. Die bei uns verdächtige Binsenwahrheit, daß Lehren und Lernen etwas mit Spaß und Spannung zu tun haben, schien Bells hauptsächlicher Antrieb. Er hielt sich kaum an das Manuskript, sondern wandelte frei dozierend, laut nachdenkend, improvisierend, Fragen ans Publikum richtend, dann wieder straff zusammenfassend vor der Wandtafel auf und ab. Manchmal blieb er stehen und zeichnete Skizzen oder schrieb Zahlen und Namen hin. Er selber schien Gefallen an dem zu finden, was er da erzählte, und er verkündete es mit einem gewissen Entdeckerstolz und mit spürbarer Lust, es den Zuhörern mitzuteilen. Er entwickelte die Vorlesung als einen Prozeß, an dem jeder teilnehmen sollte.

Amerikanische Professoren fürchten nichts mehr als den Gedanken, sie könnten unverständlich oder langweilig sein, und sie vermeiden dies selbst um den Preis der Plattheit. Während deutsche Professoren nichts mehr erschreckt als die Vorstellung, man könnte sie für platt halten, und sie vermeiden dies selbst um den Preis von Langeweile und überflüssiger Kompliziertheit.

Zu den Merkmalen des deutschen Professors gehört, daß er immer noch, obwohl es kaum mehr existiert, am Katheder steht. Nicht er spricht, sondern die Wissenschaft aus ihm. Also darf, was er zu sagen hat, keinesfalls schlicht erscheinen. Weil er Wissenschaft für etwas Kompliziertes hält, bedient er sich gern einer komplizierten Sprache, vor allem wenn es um einfache Dinge geht. Selbst pädagogisch interessierte Professoren haben in ihrem Bemühen, sich verständlich zu machen, oft etwas Angestrengtes. Es ist, als rängen sie sich schweren Herzens ein Zugeständnis ab.

Amerikanische Vorlesungen hingegen sind, was deutsche gelegentlich zu sein beanspruchen: kolloquial, und zwar nicht infolge didaktischer Absicht, sondern aus Tradition. Sie sind wahrhaft demokratisch. Der Redner möchte das Publikum für sich gewinnen, durch Anschaulichkeit und Verständlichkeit, und die Zuhörer sollen sich fühlen, als stünde dort vorn einer von ihnen, der etwas zu erzählen hat, was alle angeht. Wollte er, was in Deutschland üblich ist, den Leuten durch eine angestrengte Ambitioniertheit Eindruck machen, sie liefen ihm weg.

Die Kehrseite der Lust an unterhaltsamer Rede ist eine höhere Redundanz: die Menge des anekdotischen Drumherum erschlägt gelegentlich den bescheidenen Inhalt. Auch ist die amerikanische Marotte, jeden Vortrag mit einem Witz zu eröffnen und zu beschließen, nicht jedermanns Geschmack, zumal die Witze oft eher schlichter Natur sind. Ich gebe allerdings zu, daß ich oft gelacht habe.

Nicht lange nach meiner Rückkehr hörte ich in der *Tagesschau* der ARD eine Meldung über die Wahlen in Südkorea. Da kam der folgende Satz: »Die von dem in der vergangenen Woche nach Südkorea zurückgekehrten Exilpolitiker Kim unterstützte Oppositionspartei konnte trotz des die Regierungspartei begünstigenden Wahlsystems überraschend viele Stimmen gewinnen.« Allein seiner stoischen Routiniertheit war es zu verdanken, daß der Nachrichtensprecher Werner Veigel diese Satzkröte schluckte, ohne sich zu übergeben.

Es gehört zu den weidlich ausgenutzten Fertigkeiten deutscher Rundfunk- und Fernsehsprecher, daß sie gigantische Satzperioden stolperfrei zu Ende bringen und dabei den Eindruck zu wecken vermögen, es handele sich bei ihrem Hürdenlauf bloß um einen Spaziergang. Der Zuhörer bleibt atemlos auf der Strecke. Das ist sein Risiko.

Der NDR veranstaltet gelegentlich im Funkhaus Hannover öffentliche Dichterlesungen. Sie beginnen mit einer kurzen Einführung in das Werk und die Biographie des Autors. Als vor einiger Zeit Dieter Wellershoff lesen sollte, spulte der NDR-Redakteur Armin Halstenberg in Windeseile einen Essay herunter, der acht Seiten umfaßte und jeder literarischen Zeitschrift Ehre gemacht hätte. Um Vollständigkeit bemüht verfiel Halstenberg in eine mit Namen und Interpretationen gespickte Imponierprosa. Ihr zuzuhören war wesentlich anstrengender als der nachfolgenden Lesung Wellershoffs.

Gegen dergleichen sich zu wehren, fällt in Deutschland schwer, weil auch in solchen Fällen die Beweislast beim Kläger liegt. Öffentliche Kommunikation in Amerika funktioniert umgekehrt: Die Beweislast liegt beim potentiellen Angeklagten. Wird er nicht verstanden, so hat *er* die Schuld, nicht der Hörer oder der Leser. Der Nachteil ist klar: Schwieriges hat nur wenig Chancen. Der Vorteil ist auch klar: Originalitätssucht und Wichtigtuerei sind seltener.

So etwas kommt in amerikanischen Sendern schon deshalb nicht vor, weil sie nahezu alle kommerziell sind und oft auf billige Weise das Publikum bei der Stange halten. Aber unter den mehr als hundert Stationen, die im Gebiet Bostons senden, sind einige sehr gute öffentliche, darunter der Sender WCBH, der sich aus Spenden finanziert. WCBH hat einen Sprecher, der Nachrichten liest, als würde er einem Freund selbstrecherchierte Geschichten erzählen. Er tut das mit einer tiefen, etwas stockenden Stimme und macht zwischendurch angsterregend lange Pausen, als müsse er seine Gedanken ordnen. Seine Ansagen zu Sendungen meist klassischer Musik sind von einer geradezu aufreizenden Ausführlichkeit und Behaglichkeit. Diesem Mann zuzuhören ist seltsam schön, weil Sprache für ihn ein genußvolles Medium der Verständigung zu sein scheint und nicht ein Mittel des Imponierens.

Unzweifelhaft sind die deutschen Rundfunk- und Fernsehsender besser als die amerikanischen, und jener verunglückte Satz aus der *Tagesschau* ist nicht die Regel. Aber die Langeweile vieler Nachrichtensendungen, ihr zäher Verlautbarungscharakter, ihr nichtssagender Genscherismus zeigt wieder diesen Mangel: Die Kunst der öffentlichen Rede ist bei uns äußerst selten, während sie in Amerika eine alltägliche Fähigkeit des durchschnittlichen Bürgers zu sein scheint. Vielleicht kommt diese Tradition der Gesprächslust noch aus den Siedlungszeiten her, als jeder auf den anderen angewiesen und froh war, wenn er jemanden zum Reden hatte. Dieses riesige Land, in dem nur eine Minderheit korrekt englisch spricht, ist auf sprachliche Toleranz zwingend angewiesen. Besonders in den Metropolen herrscht jenes Tohuwabohu, von dem Ernst Jandl in seinem Gedicht »calypso« spricht: »ich was not yet/in brasilien/nach brasilien/wulld ich laik du go«.

Selbst die amerikanische Gegenwartsliteratur scheint von diesem unbedingten Verständigungswillen geprägt. Ich rede nicht von den Bestsellern und nicht von jenen in Schreibkursen und universitären Dichterseminaren produzierten Texten, die ohnehin den größten gemeinsamen literarischen Nenner suchen, sondern von jener Literatur, die mit höherem Ehrgeiz auf professionelle Seriosität aus ist. Da gibt es zum Beispiel eine jährlich erscheinende Sammlung der besten amerikanischen Kurzgeschichten, jeweils von einem arrivierten Autor herausgegeben. Den jüngsten Band stellte John Updike zusammen: »The Best American Short Stories 1984«, Houghton Mifflin Company Boston. Die Mitherausgeberin Shannon Ravenel wählte aus 1428 in 141 Zeitschriften erschienene Erzählungen jene 120 besten aus, von denen Updike zwanzig für den Abdruck in diesem Band vorschlug.

Das Resultat dieser zweifachen Auslese ist merkwürdig. Einerseits hat die literarische Technik durchweg ein beachtliches Niveau: Da ist nichts langweilig, langwierig und umständlich erzählt. Alle Geschichten haben eine klare, überschaubare, zumeist parabolische Handlung, die etwas Bedenkenswertes in eine angemessene Form bringt. Man liest das anstrengungslos, fühlt sich unterhalten und belehrt.

Andererseits aber bleibt am Ende, jedenfalls für den europäischen Geschmack, ein schales Gefühl. Diese konventionell realistische Manier leidet unter ihrer völligen Vorhersehbarkeit. Experimente, neue Formen des Schreibens, gewagte Spiele mit der Erzählhaltung fehlen fast völlig. Alles, was die scheinbar erprobte Technik realistischer Darstellung verließe und den Leser in eine womöglich fruchtbare Irritation stürzen könnte, bleibt ausgespart. Die Geschichten vermitteln sich nur über den Inhalt, zielen ab auf einen »Common Sense«, den zu verletzen sie sich nicht trauen. Man kann das lesen, und man wird nicht enttäuscht sein; man kann es lassen, und es wird einem nichts fehlen.

Eine ähnliche Erfahrung macht, wer die Erzählungen verfolgt, die der *New Yorker* regelmäßig abdruckt. Auch hier herrscht ein überraschend konventioneller Realismus. Mir scheint: Das ist eine Literatur der mündlichen Überlieferung. Da wir Europäer es gewohnt sind, einen grundsätzlichen Unterschied zwischen mündlicher und schriftlicher Rede zu machen, enttäuscht uns das. Denn die gedruckte mündliche Rede erscheint immer eine Spur banaler als jener Text, der von Anfang an den höheren Schwierigkeitsgrad des Schriftlichen wählt.

Überhaupt wirkt die amerikanische Sprache, als sei sie vor allem zum Reden und Plaudern geschaffen. Sie gleicht einem legeren Gewand, in dem sich jedermann frei und bequem bewegen kann. In Joseph Roths Roman »Hiob« besucht ein Amerikaner den in Ostgalizien hausenden Juden Mendel Singer. »Es war Mendel Singer auf einmal, als wäre der Fremde kein Fremder mehr und als verstünde er dessen seltsame Sprache. ›Erzählt mir was!‹ sagte er zu Mac. Und der Amerikaner, als hätte er die Worte Mendels begriffen, begann seinen großen Mund zu bewegen und mit heiterem Eifer Unbegreifliches zu erzählen, und es war, als zerkaute er manche schmackhafte Speise mit gesegnetem Appetit.«

10. Mai 1985

Rudolf Walter Leonhardt

Auf gut deutsch gesagt

Ein Sprachbrevier für Fortgeschrittene
1986. 172 Seiten. Serie Piper 481

Die in diesem Buch versammelten Sprachglossen erschienen in den Jahren 1982 und 1983 in der »Zeit«, für die Buchveröffentlichung hat sie der Autor überarbeitet und in fünf Kapitel geordnet: »Wörter«, »Fremdwörter«, »Schreibung«, »Formen« und »Stil« heißen die neuralgischen Punkte unseres Sprachumgangs, auf die uns Leonhardt ganz unschulmeisterlich, aber nicht weniger bestimmt, hinweist.
In humoriger Darstellung handelt er die Hauptschwierigkeiten der deutschen Sprache ab und prangert die Hauptsünden wider ihren Geist an. Das liest sich vergnüglich am Stück, doch wer dies getan hat, wird das Büchlein mit Sicherheit griffbereit ins Regal stellen, am besten gleich neben den »Duden«, denn als praktisches Sprachkompendium ersetzt es manche Stil- und Grammatikfibel.

Walter Jens

Momos am Bildschirm 1973–1983

Mit einem Nachwort von Walter Jens. 1984. 237 Seiten.
Serie Piper 304

Walter Jens alias Momos, seit Jahrzehnten hierzulande das »Muster der Fernsehkritik« (NZZ), legt mit diesem Band – in Fortsetzung seines erfolgreichen Titels »Fernsehen – Themen und Tabus« – die zweite Sammlung seiner kritischen TV-Rezensionen vor. Der oft bissige oder gar gallige Ton, die immer brillante Form dieser sozialkritisch engagierten, ästhetisch wertenden Kurz-Essays machen die Lektüre zu einem »eigentlichen Lesevergnügen« (NZZ). Zugleich aber bietet diese bunte Reihe an Einzelbesprechungen von 1973–1983 in bedachter Auswahl ein Panorama deutscher Geschichte des letzten Jahrzehnts im doppelten Spiegel: im Bildschirm und im Auge des Kritikers.

Vom gleichen Autor ist lieferbar:

Von deutscher Rede

2. Aufl., 8. Tsd. 1985. 304 Seiten.
Serie Piper 277

Anne-Lydia Edingshaus

Nachdenken über Gestern und Morgen

Neujahrsgespräche mit den Bundespräsidenten Walter Scheel, Karl Carstens und Richard von Weizsäcker.
1986. 138 Seiten. Serie Piper 635

Zwischen 1979 und 1986 führte die Bonner Wissenschaftsjournalistin Anne-Lydia Edingshaus das Neujahrs-Rundfunkgespräch mit den amtierenden Bundespräsidenten. Fragen der Wissenschaft und der Technologie standen dabei meist im Mittelpunkt. Inwieweit beeinflussen Erkenntnisse aus Forschung, Wissenschaft und Technik politisches Handeln? Warum werden sie mit Mißtrauen beobachtet? Gibt es Maßstäbe für den Fortschritt? Wo sind die Grenzen von Gentechnologie oder Kerntechnik? Zu diesen und ähnlichen Fragen äußern sich die drei Präsidenten ihrem jeweiligen Temperament entsprechend. Das Buch bietet Anregungen zum Nachdenken über unser Land und die Zukunft aus erster Hand.

Von der Autorin liegt außerdem vor:

Heinz Maier-Leibnitz

Ein halbes Jahrhundert experimentelle Physik
1986. 307 Seiten mit 30 Abbildungen. Geb.

Piper 11/1c

PIPER

Serie Piper Materialien

Pathos und Ironie

Ein Lesebuch von und über Martin Gregor-Dellin
Herausgegeben von Elisabeth Endres. 1986. 199 Seiten.
Serie Piper 557

Der als Biograph wie als Erzähler gleichermaßen hervorgetretene derzeitige Präsident des P.E.N.-Zentrums Bundesrepublik Deutschland wurde am 3. Juni 1926 in Naumberg geboren, er wuchs in Weißenfels an der Saale auf. Er verließ 1958 die DDR.
Der Band dokumentiert die Entwicklung des Autors von der frühen Prosa über die Romane der sechziger und siebziger Jahre und seine biographischen Arbeiten bis hin zu einem bislang unveröffentlichten erzählenden Text. Eine vollständige Werkbibliographie dokumentiert vor allem auch die Vermittlerleistung Gregor-Dellins, die er als Herausgeber einer Vielzahl vergessener Texte und Autoren erbracht hat. Stellvertretend seien hier nur die Werke von Klaus Mann und die Tagebücher Cosima Wagners genannt.

Von Martin Gregor-Dellin sind lieferbar:

Föhn

Roman. 1974. 302 Seiten. Geb.

Jakob Haferglanz

Roman. 1986. 336 Seiten. Serie Piper 491

Italienisches Traumbuch

1986. 161 Seiten. Geb.

Heinrich Schütz

Sein Leben – Sein Werk – Seine Zeit. 2. Aufl., 13. Tsd. 1984.
494 Seiten mit 26 Abbildungen auf Tafeln und 4 Farbtafeln. Leinen

Richard Wagner

Sein Leben – Sein Werk – Sein Jahrhundert. 1980. 930 Seiten. Leinen

Richard Wagner

Eine Biographie in Bildern. 1982. 220 Seiten mit 325 farbigen und schwarzweißen Abbildungen. Leinen

Was ist Größe?

Sieben Deutsche und ein deutsches Problem. 1985. 262 Seiten. Leinen

Piper 11/1d

PIPER

Serie Piper Materialien

Allegorie und Eros

Texte von und über Albert Paris Gütersloh
Herausgegeben von Jeremy Adler.
1987. 286 Seiten. Serie Piper 682

Vor 100 Jahren, am 5. Februar 1887, wurde Albert Conrad Kiehtreiber, der sich später Albert Paris Gütersloh nannte, in Wien geboren.
Sein Leben und sein Werk sollen durch diesen Materialienband neu erschlossen werden: Ein Leben, das wie wenig andere mit der Kulturmetropole Wien aufs engste verflochten ist.
Gütersloh, eine jener seltenen Doppelbegabungen als Maler und Schriftsteller, stand mit fast allen wichtigen Persönlichkeiten der Wiener Kunst- und Literaturszene in mehr oder weniger engem Kontakt. Eine Auswahl aus den Spuren dieser Begegnungen führt dieser Band vor – von Schiele und Klimt bis zum »Phantastischen Realismus«, von Franz Blei, Karl Kraus und Arthur Schnitzler über Robert Musil, Hermann Broch und Heimito von Doderer bis zu Peter Marginter, Herbert Eisenreich und Peter von Tramin.

Von Albert Paris Gütersloh sind lieferbar:

Die Fabel von der Freundschaft

Ein sokratischer Roman. 2. Aufl., 7. Tsd. 1984. 232 Seiten.
Serie Piper 460

Der Lügner unter Bürgern

Roman. 2. Aufl., 8. Tsd. 1984. 193 Seiten. Serie Piper 335

Eine sagenhafte Figur

Ein platonischer Roman. 1985. 313 Seiten. Serie Piper 372

Sonne und Mond

Ein historischer Roman aus der Gegenwart.
2. Aufl., 10. Tsd. 1984. 820 Seiten. Serie Piper 305

Piper 11/1e

PIPER

Serie Piper Materialien

Alexander Solschenizyn
Das Rote Rad

Texte, Interviews, Reden
Herausgegeben von Heddy Pross-Weerth.
1986. 106 Seiten. Serie Piper 594

Im Herbst 1986 ist nach langer Pause wieder ein neuer Roman von Solschenizyn erschienen: »November 16«, der zweite »Knoten« des »Roten Rades«, ist die Fortsetzung von »August 14« (auch dieser Band wird in erweiterter Fassung im Piper Verlag publiziert werden). Der vorliegende Band geht auf das Werk des russischen Schriftstellers im allgemeinen und insbesondere auf den neuen Roman ein. Er wird u. a. Auszüge aus Solschenizyns Nobelpreisrede, aus seinen Reden an die Amerikaner enthalten sowie Würdigungen bedeutender Zeitgenossen wie Böll und Kopelew, eine Auswahlbibliographie und Abbildungen.

Alexander Solschenizyn
Das Rote Rad
Zweiter Knoten
November sechzehn

Roman. Aus dem Russischen von Hedda Pross-Werth.
1986. 1199 Seiten. Leinen

Serie Piper Materialien

Welche Sprache ich lernte

Texte von und über Franz Tumler
Herausgegeben von Hans Dieter Zimmermann.
1986. 259 Seiten. Serie Piper 681

Am 16. Januar 1987 feiert der in Gries bei Bozen geborene und heute in Berlin lebende Dichter Franz Tumler seinen 75. Geburtstag. Dieser Materialienband soll ein vorläufiges Resümee über die literarische Leistung und die bisherige Rezeption seines Werkes ziehen. Neben unveröffentlichten Gedichten und Texten Tumlers zum eigenen Werk steht eine Fülle von Äußerungen seiner Freunde und Verehrer: u. a. Peter Huchel, Walter Höllerer, Peter Härtling, Wolfgang Koeppen, Peter Handke und Jean Améry. Tumler, der in Linz aufgewachsene Südtiroler, hat die Grenzen, die Grenzbezirke der Sprache wie des Lebens schon fast notgedrungen zu seinem Thema gemacht: Alle seine Romane und Erzählungen handeln davon, wie weit einer gehen muß, bis er heimkommt.

Von Franz Tumler sind lieferbar:

Der Mantel

Erzählung. 1986. 237 Seiten. Serie Piper 622

Ein Schloß in Österreich

Roman. 1986. 544 Seiten. Serie Piper 652

Das Tal von Lausa und Duron

1986. 121 Seiten. Serie Piper 651

Das Land Südtirol

Menschen, Landschaft, Geschichte. 5. Aufl., 19. Tsd. 1985.
485 Seiten. Serie Piper 352

Piper 11/1g

PIPER